全国技工院校新能源汽车检测与维修专业教材

（中／高级技能层级）

新能源汽车充电系统检测与维修

人力资源社会保障部教材办公室　组织编写

主　编　刘　亮

副主编　施保连

主　审　刘　锋

中国劳动社会保障出版社

简介

本书主要内容包括新能源汽车充电装置的使用、新能源汽车充电系统的检修、新能源汽车充电系统的故障诊断与排除等。

本书内容丰富、通俗易懂、实用性强，适用于全国技工院校或职业院校新能源汽车检测与维修专业的教学使用，也可作为新能源汽车技术人员培训教材及参考用书。

本书由刘亮担任主编，施保连担任副主编，周兆禹、姜海朋、吴哲、薛烨、王慧、刘洋参与编写，刘锋担任主审。

图书在版编目（CIP）数据

新能源汽车充电系统检测与维修 / 人力资源社会保障部教材办公室组织编写；刘亮主编. -- 北京：中国劳动社会保障出版社，2021

全国技工院校新能源汽车检测与维修专业教材：中 / 高级技能层级

ISBN 978-7-5167-4930-2

Ⅰ. ①新…　Ⅱ. ①人…②刘…　Ⅲ. ①新能源 – 汽车 – 检修 – 技工学校 – 教材　Ⅳ. ①U469.72

中国版本图书馆 CIP 数据核字（2021）第 131342 号

中国劳动社会保障出版社出版发行

（北京市惠新东街 1 号　邮政编码：100029）

*

北京市白帆印务有限公司印刷装订　　新华书店经销

787 毫米 ×1092 毫米　16 开本　12 印张　215 千字

2021 年 8 月第 1 版　　2024 年 11 月第 6 次印刷

定价：36.00 元

营销中心电话：400-606-6496

出版社网址：http://www.class.com.cn

http://jg.class.com.cn

前言

PREFACE

2012年6月，国务院颁布《节能与新能源汽车产业发展规划（2012—2020年）》，其中对新能源汽车进行了定义：新能源汽车是指采用新型动力系统，完全或主要依靠新型能源驱动的汽车，本规划所指新能源汽车主要包括纯电动汽车、插电式混合动力汽车及燃料电池汽车。

随着国家不断推动新能源汽车的发展，目前我国新能源汽车保有量已经突破百万，成为新能源汽车产销量第一的国家。

相对于传统汽车而言，新能源汽车大量使用高压电，这对维护和维修工作提出了更高的要求。为了满足全国技工院校新能源汽车检测与维修专业的教学需求，人力资源社会保障部教材办公室组织有关学校的骨干教师和行业、企业专家，在充分调研企业生产和学校教学情况的基础上，开发了本套新能源汽车检测与维修专业教材。

教材体系

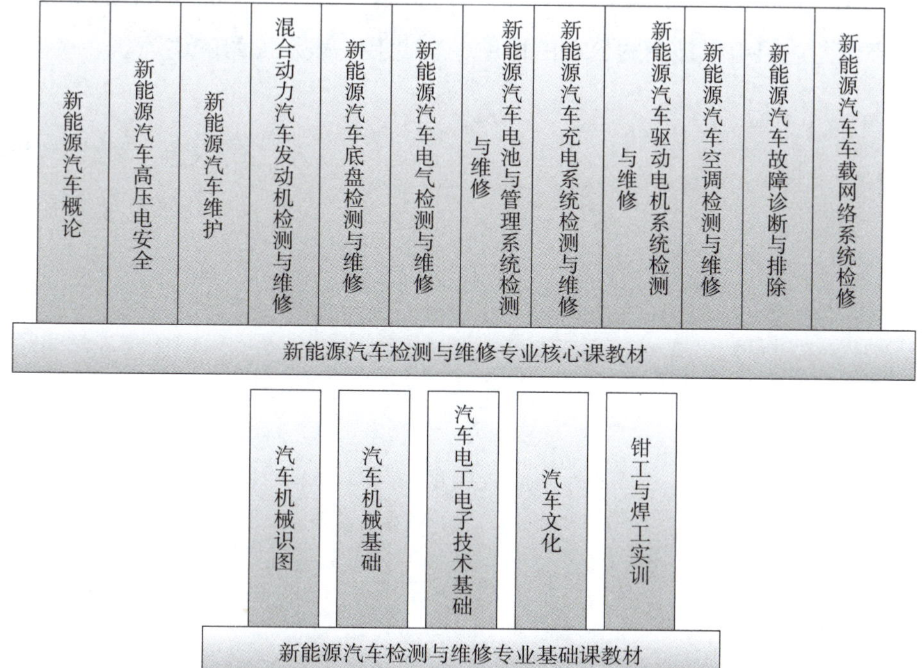

编写特色

◆ 紧贴企业实际情况　通过行业、企业调研，掌握企业对新能源汽车检测与维修专业人才的岗位需求和技能要求，确定人才培养目标（中级 / 高级），构建科学合理的课程体系。根据课程教学目标，合理确定学生应具备的知识与能力结构；充分考虑企业生产实际，选择当前市面上广泛使用的新能源车型进行教学。

◆ 体现行业技术发展　根据相关专业领域的最新发展，在教材中充实新知识、新技术、新设备、新材料等方面的内容，体现教材的先进性。采用最新的国家技术标准，使教材内容更加科学和规范。

◆ 符合学生阅读习惯　在教材内容的呈现形式上，较多地利用实物照片和表格等形式将知识点生动地展示出来，力求让学生更直观地理解和掌握所学内容。部分教材采用四色印刷，图文并茂，增强了教材内容的表现效果。

教学服务

本套教材配有习题册和方便教师上课使用的多媒体电子课件等教学资源，可以通过中国技工教育网（http://jg.class.com.cn）下载。另外，在部分教材中针对教学重点和难点制作了微视频等多媒体资源，学生使用移动终端扫描二维码即可在线观看相应内容。

致谢

本次教材编写工作得到了北京、黑龙江、辽宁、江苏、浙江、湖南、山东、山西、福建、广东、广西等省、自治区、直辖市人力资源社会保障厅及有关院校的大力支持，以及深圳市信力达机电科技有限公司的协助，在此我们表示诚挚的谢意。

人力资源社会保障部教材办公室

2020 年 6 月

目 录

CONTENTS

绪　论

学习目标

1. 了解汽车充电装置的类型及要求。
2. 了解汽车充电系统相关国家标准及规定。
3. 了解新能源汽车充电相关规定。
4. 理解本课程的任务和内容。

相关理论

一、汽车充电装置的类型及要求

充电技术是新能源汽车产业能否得到快速发展的关键因素之一。智能、快速是新能源汽车充电技术的发展趋势。充电装置是新能源汽车不可缺少的装置，其作用是将电网的电能转化为新能源汽车动力蓄电池的电能，为汽车充电。

新能源汽车的定义源自《节能与新能源汽车产业发展规划（2012—2020 年）》，目前国内普遍采用国家标准《电动汽车术语》（GB/T 19596—2017）对电动汽车进行分类，可将其分为纯电动汽车、混合动力电动汽车和燃料电池电动汽车三大类。因此，这里所说的汽车充电装置基本上是指电动汽车充电装置。

1. 汽车充电装置的类型

（1）根据充电装置的安装位置分类

根据充电装置的安装位置不同，充电装置大体可分为车载充电装置和非车载充电装置，如图 0–1 所示。

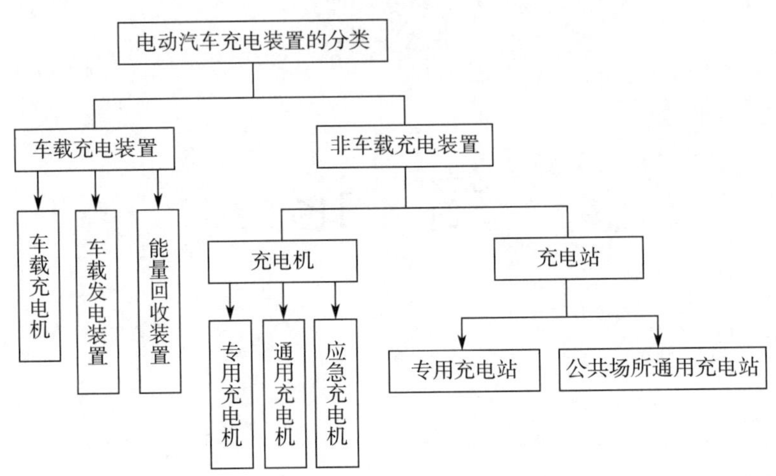

图 0–1　电动汽车充电装置按安装位置不同分类

车载充电装置是指安装在电动汽车上的采用地面交流电网或车载电源对电池组进行充电的装置，包括车载充电机、车载发电装置和能量回收装置。车载充电装置将带插头的交流动力电缆直接插到电动汽车的插座中给电动汽车充电，其通常使用结构简单、控制方便的接触式充电器，也可以是感应式充电器。车载充电装置完全按照车载动力蓄电池的种类进行设计，针对性较强。

非车载充电装置（即地面充电装置）主要包括专用充电机、通用充电机、应急充电机、专用充电站、公共场所通用充电站等。通常非车载充电装置的功率、体积和质量均较大，以便能够适应各种充电方式。

（2）根据充电时的能量转换方式分类

根据新能源汽车动力蓄电池充电时的能量转换方式不同，充电装置可分为传导式和感应式两种。

通常所说的交流充电和直流充电，或者便携式充电和充电桩充电，都称为传导式充电，如图 0–2 所示。传导式充电是通过带有车辆插头和供电插头的活动电缆传导，将电动汽车与交流电网相连接。目前，常见的充电方式基本上都是传导式充电。其中，交流充电装置主要包括三种，即便携式充电器、壁挂式充电盒和立柱式充电桩；直流充电装置主要为直流充电桩。

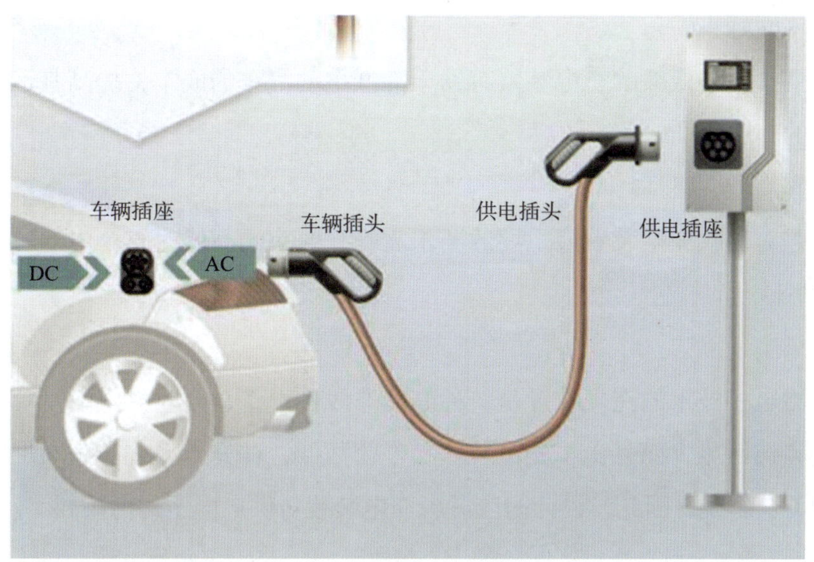

图 0-2 传导式充电

感应式充电是非接触式充电，即利用近场感应（又称电感耦合），由供电设备（充电器）将能量传送至用电装置，该装置使用接收到的能量对电池充电，同时供其本身运作，如图 0-3 所示。感应式充电在电动汽车领域还处于试验阶段，但在手机充电市场上已经得到一定的应用。

图 0-3 感应式充电

2. 对充电装置的要求

（1）安全性高

为电动汽车充电时，要确保人员的人身安全和动力蓄电池组的安全。

（2）智能性强

充电装置应具有较高的智能性，不需要操作人员过多干预充电过程。

（3）经济性好

成本经济、价格低廉的充电装置有助于降低电动汽车的成本，提高其运行效益，促进电动汽车的商业化推广。

（4）效率高

高效率是对现代充电装置最重要的要求之一，效率的高低对整个电动汽车的能量效率具有重大影响。

（5）污染小

采用电力电子技术的充电装置是一种高度非线性设备，会对供电网及其他用电设备产生有害的谐波污染，而且由于充电装置功率因数低，在充电系统负载增加时，对其供电网的影响不容忽视。因此，设计时应考虑充电装置对供电电压的污染要小。

二、汽车充电系统相关国家标准及规定

1. 相关国家标准

随着新能源汽车的快速发展，越来越多的人开始关注并使用新能源汽车，而充电问题是人们较为关心的话题，如充电模式、充电连接方式等。针对这些问题，国家制定了相对应的国家标准，对新能源汽车充电相关技术做出明确规定，并且根据技术的发展仍在不断完善。现有新能源汽车充电系统相关国家标准见表 0-1。

表 0-1　现有新能源汽车充电系统相关国家标准

标准号	标准名称	标准类型
GB/T 20234.1—2015	电动汽车传导充电用连接装置　第 1 部分：通用要求	充电接口
GB/T 20234.2—2015	电动汽车传导充电用连接装置　第 2 部分：交流充电接口	
GB/T 20234.3—2015	电动汽车传导充电用连接装置　第 3 部分：直流充电接口	
GB/T 18487.1—2015	电动汽车传导充电系统　第 1 部分：通用要求	充电系统
GB/T 18487.2—2017	电动汽车传导充电系统　第 2 部分：非车载传导供电设备电磁兼容要求	
GB/T 18487.3—2001	电动车辆传导充电系统　电动车辆交流 / 直流充电机（站）	
GB/T 27930—2015	电动汽车非车载传导式充电机与电池管理系统之间的通信协议	通信协议

2. 相关规定

（1）汽车充电装置的连接方式

连接方式是指使用电缆和连接器将电动汽车接入电网（电源）的方法。国家标准《电动汽车传导充电系统 第 1 部分：通用要求》（GB/T 18487.1—2015）中规定，汽车充电装置的连接方式可分为以下三种。

1）连接方式 A：将电动汽车与交流电网连接时，使用与电动汽车永久连接在一起的电缆组件和供电插头，如图 0-4 所示。

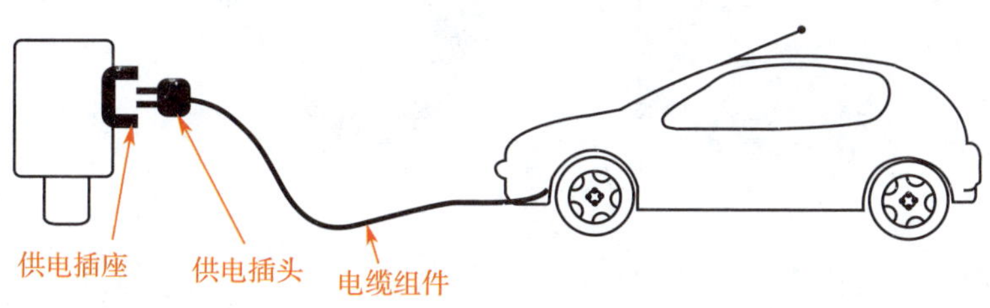

图 0-4 连接方式 A

注：电缆组件是车辆的一部分

2）连接方式 B：将电动汽车与交流电网连接时，使用带有车辆插头和供电插头的独立的活动电缆组件，如图 0-5 所示。

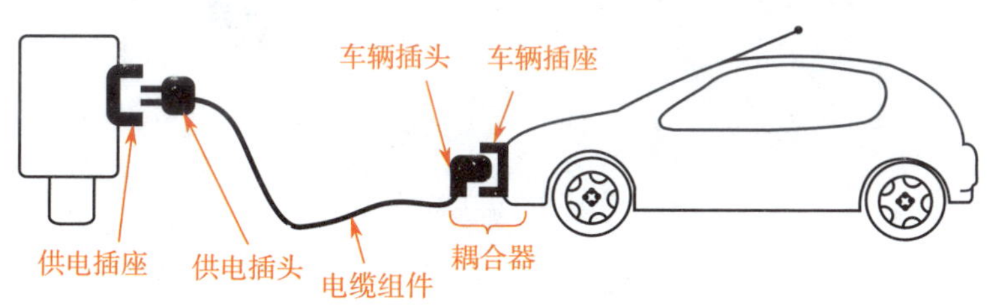

图 0-5 连接方式 B

注：可拆卸电缆组件不是车辆或者充电设备的一部分

3）连接方式 C：将电动汽车与交流电网连接时，使用与供电设备永久连接在一起的电缆组件和车辆插头，如图 0-6 所示。

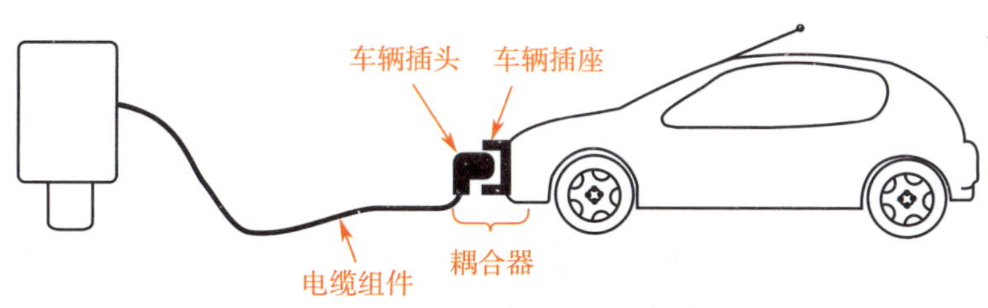

图 0-6 连接方式 C

注：电缆组件是充电设备的一部分

（2）充电模式

充电模式是指连接电动汽车到电网（电源）给电动汽车供电的方法。GB/T 20234.1—2015 中规定，汽车的充电模式可分为以下四种。

1）充电模式 1：将电动汽车连接到交流电网（电源）时，在电源侧使用了符合 GB/T 2099.1—2008 和 GB/T 1002—2008 要求的插头和插座，在电源侧使用了相线、中性线和带接地保护装置的导体，如图 0-7 所示。

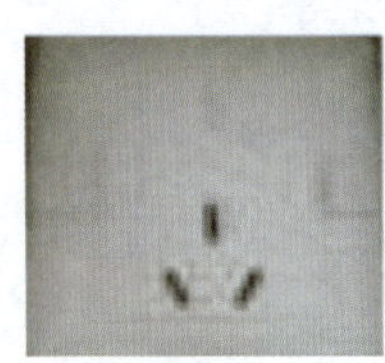

图 0-7　充电模式 1

2）充电模式 2：将电动汽车连接到交流电网（电源）时，在电源侧使用了符合 GB/T 2099.1—2008 和 GB/T 1002—2008 要求的插头和插座，在电源侧使用了相线、中性线和带接地保护装置的导体，并且在充电连接电缆上安装了缆上控制保护装置，如图 0-8 所示。

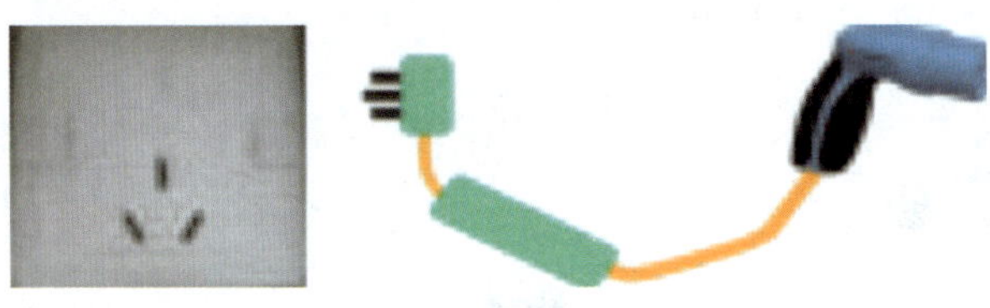

图 0-8　充电模式 2

3）充电模式 3：将电动汽车连接到交流电网（电源）时，使用了专用供电设备，将电动汽车与交流电网直接连接，并且在专用供电设备上安装了控制导引装置，如图 0-9 所示。

4）充电模式 4：将电动汽车连接到交流电网或直流电网时，使用了带控制导引功能的直流供电设备，如图 0-10 所示。

图 0-9　充电模式 3

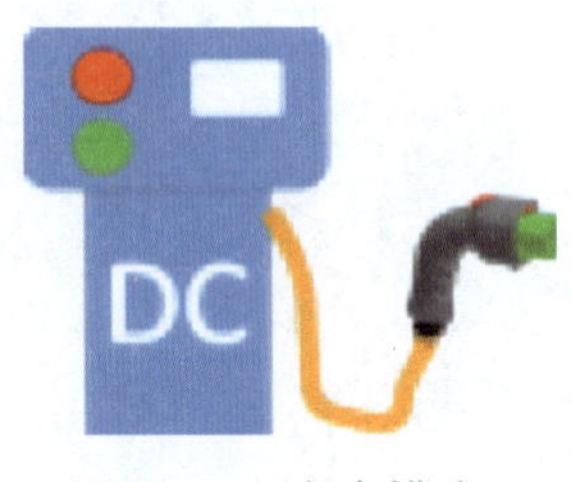

图 0-10　充电模式 4

（3）充电连接确认（CC，Connection Confirm）

车辆控制装置通过测量 CC（检测点 3）与 PE（保护接地，也称车身地）之间的电阻值来判断车辆插头与车辆插座是否完全连接。未连接时，开关 S3 处于闭合状态，CC 未连接，检测点 3 与 PE 之间的电阻值为无限大（采样值为 12 V）；半连接时，开关 S3 处于断开状态，CC 已连接，检测点 3 与 PE 之间的电阻值为 R_C+R_4（采样值为 9 V）；完全连接时，开关 S3 处于闭合状态，CC 已连接，检测点 3 与 PE 之间的电阻值为 R_C（采样值为 6 V）。

注意，R_4 是在 2015 年版国家标准（GB/T 18487.1—2015）中新增加的，目的是能够判断车辆接口处于半连接状态。

（4）充电控制导向（CP，Control Pilot）

当电动汽车与供电设备建立电气连接后，车辆控制装置通过判断 CP（检测点 2）的 PWM 信号占空比确认供电设备的最大可供电能力（最大充电电流），并且通过判断 CC（检测点 3）与 PE 之间的电阻值来确认电缆的额定容量。

正常情况下的充电结束或停止由充电设备发起，先控制开关 S1 从 PWM 切换至 12 V+，以告知车辆充电结束。当车辆判断出截止信号后，则控制开关 S2 断开，然后充电设备应在 100 ms 内断开开关 K1、K2 以停止供电。若开关 S1 切换 3 s 后仍未检测到开关 S2 断开，则充电设备强制断开开关 K1、K2。若出现非正常情况，如充电设备先检测到开关 S2 断开，则充电装置需要在 100 ms 内断开供电。但此时依然需要保持 PWM 输出，当车辆自行恢复后，无须重新插拔充电枪即可恢复充电（若车辆未配置控制开关 S2，意味着充电设备无法与车辆进行交互，因此，国家标准规定仅可在充电电流不大于 8 A 的单相充电场景下进行充电，且并不推荐）。

在充电过程中，充电设备还将对实际充电电流与 PWM 表征的最大充电电流进行比较，若实际充电电流大于最大允许值的 1.1 倍（即小于 20 A 时超过 2 A）且持续了 5 s，则将停止充电。

（5）连接顺序

在连接的过程中，各触头长度设计的不同形成了一定的连接顺序。先是 PE 最先接触，然后依次是 CC2、高压 DC+ 和 DC−、低压 A+ 和 A−、通信 S+ 和 S−，最后是 CC1。

（6）电子锁止装置

国家标准要求直流充电和交流充电电流大于 16 A 的场景下，应具备充电枪电子锁止功能。不同的是，在交流充电连接时，电子锁止装置需要安装在车辆插座上，而在直流充电连接时，电子锁止装置需要安装在车辆插头上。同时，充电桩具备判断是否锁止的功能，即需要有反馈电路。

（7）温度传感器

GB/T 18487.1—2015 中要求额定电流大于 16 A 的情况下，车辆插座需要设置温度监控，且车辆需要进行过温保护。一方面，不同品牌的插头和插座在互插过程中可能出现一定程度的匹配问题，从而使接触不够充分；另一方面，插头和插座长期使用后的积尘问题、老化问题将导致接触电阻增大。进行温度监控可有效预防上述两种情况导致的风险发生。

（8）低压供电（见图 0-11）

在 2011 年版国家标准（GB/T 20234.2—2011 和 GB/T 20234.3—2011）中，A+ 和 A- 可以是 12 V 也可以是 24 V，也就是说乘用车和商用车在直流充电上存在兼容性问题。因此，在 2015 年版国家标准（GB/T 20234.2—2015 和 GB/T 20234.3—2015）中，统一将 A+/A- 定义为 12 V。但这可能会带来一个新的问题，即 12 V 供电无法满足商用车 BMS（电池管理系统）的供电要求。有一种处理方法是 BMS 将 A+/A- 作为唤醒信号，BMS 的 24 V 供电由整车提供。

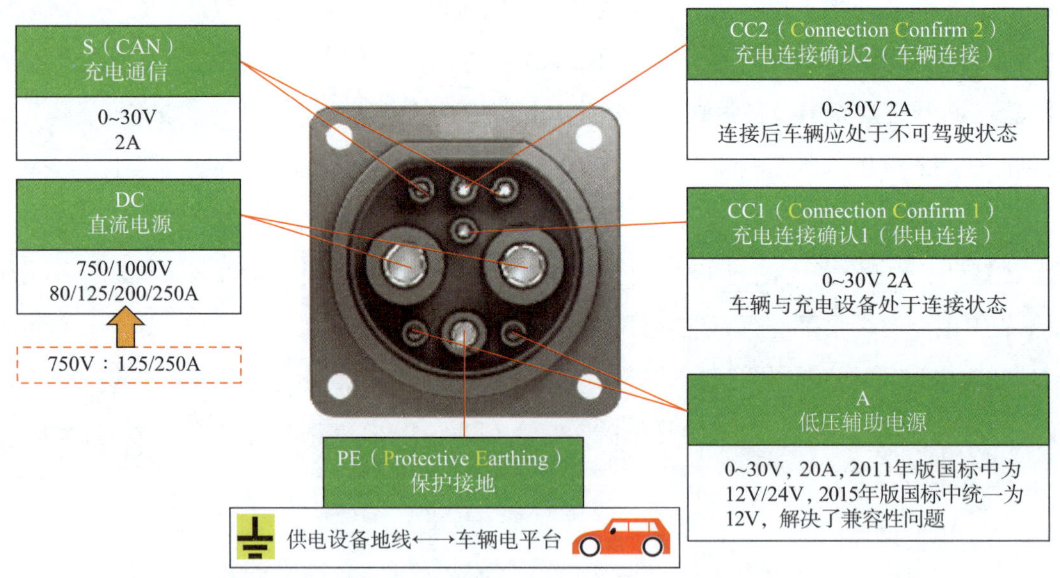

图 0-11　低压供电

（9）额定充电电压和电流

国家标准《电动汽车传导充电用连接装置　第 1 部分：通用要求》（GB/T 20234.1—2015）中规定，直流充电桩额定电压不允许超过 1 000 V，额定电流不允许超过 400 A。但是国家标准《电动汽车传导充电用连接装置　第 3 部分：直流充电接口》（GB/T 20234.3—2015）中规定，对于直流充电接口中以模式 4 及连接方式 C 连接的车辆接口，其额定电流不允许超过 250 A。这里预测，未来可能会有支持大功率充电的接口标准，因此，在通用要求中将电流值设为 400 A，而在采用现有直流充电接口的条件下，单枪电流是不能大于 250 A 的，若有车辆充电电流需要超过 250 A 的情况，就需要通过双充电枪来实现。

（10）绝缘监测

充电桩和电动汽车均有绝缘监测的功能，在两者之间高压未连接时，充电桩和电动汽车各自进行绝缘监测。一旦高压连接后两者变为一个整体系统时，充电桩必须立即停止绝缘监测，以免影响电动汽车绝缘采样精度。此前，很多充电桩并未执行此要求，导致充电过程常常因为绝缘故障报警中断。除了绝缘监测外，充电桩和电动汽车需要各自负责自身的接触器粘连监测。

三、新能源汽车充电相关规定

1. 新能源汽车充电装置使用管理规定

（1）车辆驶入充电位置，将车辆停稳，切断电动汽车动力电源和辅助电源，拉紧驻车制动，人员离车后，方可进行充电作业。

（2）充电前，驾驶员应检查充电接口是否正常、完好，对充电设备与电动汽车连接状况进行检查，对充电参数的设置进行确认。

（3）充电装置启动后，确认充电正常，并定期巡视充电状态。若发生安全事故，应快速按下红色急停按钮，切断电源。

（4）充电过程中，车辆严禁启动或移动，严禁带电插拔充电插头。充电结束后、行车前，驾驶员应确认充电终止以及充电设备与电动汽车已物理分离。

（5）严禁使用金属物体触碰充电枪接口及纯电动汽车充电口。

（6）驾驶员应基本了解电动汽车的构造和充电设备的工作原理，了解动力蓄电池应用的基础知识，掌握充电操作规程，充电设备检测、故障判断和处理方法，安全知识和应急处理方法。

（7）驾驶员应按照生产厂家的用户手册对充电桩进行定期保养与例行检查，保持其安全、清洁、完好，并做好相关检查及保养记录。

（8）充电场所每日应做好日常检查，当班管理人员应对作业现场进行监督，发现违章行为和不安全因素，有权制止并向上级反映情况。充电作业人员应定期或根据工作需要随时进行巡视。

2. 充电桩使用和管理规定

（1）充电场所管理人员必须定期检查充电桩及其相关设备，消防器材、设施、设备应保持清洁、干燥，并做好相关检查记录。定时对充电场地、充电设施和设备、消防器材进行保洁，确保设备处于良好状态。

（2）充电过程中，驾驶员应按照操作流程操作，如厂家有其他充电要求，则按照厂家要求进行操作。同时，须按要求对充电桩仪表、数据、充电模块、线路、开关等进行检查，并按要求填写巡检记录。

（3）充电过程中如发生故障，充电场所管理人员应立即按下充电机上的急停按键，以防故障进一步扩大，并上报给技术科，由专业人员进行设备维修。

（4）如遇充电系统起火时，首先动用紧急停机装置切断电源，然后使用干粉灭火器或二氧化碳灭火器灭火，严禁使用泡沫灭火器和水灭火。

（5）充电结束后，应按规定拔除充电枪，将电缆理好放在线架上，锁好充电口及车门，并记录相关数据。

（6）严禁私自拆卸、改装充电桩设备及附加设施，对因此造成的损坏，应由当事人承担相应的经济责任，并对管理责任人进行问责。

3. 充电场所管理规定

（1）充电场所应设置安全管理组织机构，并配备专职或兼职的安全员。要建立安全管理制度和应急预案，建设安全应急保障体系。安全管理组织机构负责制定、修订充电场所管理责任书，负责指导、监督、评估充电场所安全管理工作。

（2）充电场所管理人员是充电场所安全管理第一责任人，应建立运行值班制度，包括日常巡检、运行交接班及值班日志等。要贯彻、落实安全管理相关规定及要求，落实各级人员的应急职责。

（3）露天设置的充电桩应有安全防护措施，保证在雷雨等特殊天气情况下的设备安全。

（4）安全管理部门应定期组织充电桩厂家对站内充电桩进行巡检。

4. 纯电动汽车充电管理规定

（1）纯电动汽车应按充电要求停放，车辆停止后拉紧驻车制动，将挡位置于 N 挡，并检查、确保车辆高低压电源开关处于关闭状态，以防止充电时瞬时电流损坏车辆电气设备。

（2）车辆需集中存放与管理，存放位置要远离热源、火源、腐蚀性气体、潮湿的地方，同时还应避免尖锐物体的撞击、挤压。

（3）纯电动汽车以电量SOC值为50%～80%存放。

（4）新车在运营前必须进行一次满充电，确认车辆已充满电后进行签字登记，方可正常投入使用，以确保电池电压均衡。

（5）以最近一次满充电记录为起始点，纯电动汽车每月至少进行满充电、全放电一次。

（6）车辆充电及维护期间，应有专人监控、看护，如遇异常问题应及时通知专业人员处理。

（7）禁止在雷雨天气露天给电动汽车充电。

（8）每台电动汽车应随车配备纯电动汽车充电维护保养登记手册，每次维护时经手人应签字确认。

（9）纯电动汽车应做好车辆充电、运营台账记录，便于车辆的使用和维修。根据车辆技术状况，合理安排一、二级维护及保养，并建好车辆使用、维修台账。

（10）预期存放时间超过两周的车辆应断开整车快断器，并由专人妥善保管车辆。对于长期停放的车辆，每两周必须上电一次，检查仪表读数，检查电池电量SOC值，如果SOC值低于30%，需立即安排出库进行充电，保证停车关机时整车SOC值介于50%～80%之间。

5. 突发事件的应急处置规定

（1）充电场所应设置应急组织，建立突发事件应急预案，包括火灾、车辆故障、电池破损导致的燃烧和爆炸、供电系统故障、人员触电、设备故障、停电和断网等。

（2）充电场所内各紧急出口通道应保持畅通。发生灾害时，应能及时采取有效的处置措施，及时疏散人员，并向有关部门报告。

（3）应急预案应满足统一指挥、分级负责，组织机构健全，人员和物资配备充足，通信畅通，行动迅速、准确等基本要求。应急预案的主要内容应包括组织机构、人员、物资、事件等级、报告程序、事故处置方法、快速疏散方法、紧急救护措施、现场保护及清理和善后工作等。

（4）应急预案中涉及的应急设备应在指定场所存放，由专人负责，定期检查应急预案所需物资的有效性。

（5）充电场所应定期进行消防培训和应急演练，全体人员应掌握消防知识，熟知消防器材的位置、性能和使用方法。每半年应至少进行一次应急预案的全员培训和演练，针对演练中的问题，修改和完善应急预案。

（6）充电场所应每月组织一次安全检查，并根据季节特点或逢重大节日对充电场所进行专项检查。消防设施和监控器材应由专人定期进行维护与保养，灭火和监控系统应处于完好、有效状态。

（7）突发事件的处置应按应急预案的要求进行。

四、本课程的任务和内容

本课程主要介绍新能源汽车充电系统相关知识，包括充电系统的组成、结构和工作原理，充电装置的类型与使用方法，充电系统零部件的检测、更换、故障诊断方法等。学习完本课程后，学生应能掌握新能源汽车充电系统的基础知识，能正确使用充电装置为车辆进行充电，能进行充电系统部件的检测与拆装，能对新能源汽车充电系统故障进行检测与维修。

思考与练习

1. 电动汽车充电装置根据安装位置不同可分为哪几种类型？
2. 国家标准《电动汽车传导充电系统　第 1 部分：通用要求》（GB/T 18487.1—2015）中规定的汽车充电装置的连接方式有哪几种？
3. 简述本课程的任务和内容。

模块一 新能源汽车充电装置的使用

课题一 交流充电装置的使用

学习目标

1. 了解交流充电装置的类型。
2. 掌握交流充电装置的作用和结构。
3. 掌握交流充电装置的安装与使用方法。
4. 能使用交流充电装置为车辆进行充电。

任务描述：

某客户新购买了一辆比亚迪纯电动汽车，但不知道如何为车辆充电，故到4S店询问维修人员。经维修人员小张检查发现，该车型装有一个交流充电接口，原车配备有便携式充电器，同时客户购车时申请安装了壁挂式充电盒。想一想，小张该如何为客户进行介绍和演示呢？

●任务分析：

该车型装配有交流充电接口，客户可以利用交流充电装置为车辆进行充电。交流充电装置主要包括随车的便携式充电器、壁挂式充电盒和立柱式充电桩，这三种充电装置都是将交流电源调整为校准的电压或电流，从而为汽车动力蓄电池等储能装置提供电能。

相关理论

一、交流充电装置的类型与结构

交流充电装置是指采用传导方式为具有车载充电机（泛指固定安装在电动汽车上的充电机）的电动汽车提供交流电源的专用供电装置。交流充电装置是电动汽车充、换电设施的一种。单相交流充电桩的最大额定功率为 7 kW，主要适用于为小型乘用车充电。充满电所需要的时间根据车辆配置电池容量和充电装置的功率而定。

交流充电装置主要包括四种，即便携式充电器、壁挂式充电盒、立柱式充电桩和无线充电装置。

1. 便携式充电器

（1）便携式充电器的作用

便携式充电器又称常规充电器或车载充电器，可使用家用电源或专用的充电桩电源对车辆进行充电，其充电电流较小，一般为 10～15 A，电源可采用直流、两相交流电或三相交流电。充电时间视电池组容量大小而定，一般为 12～15 h。

便携式充电器充电时间较长，但其对充电环境的要求不高，制造和安装成本较低；可充分利用电力低谷时段进行充电，降低充电成本；更为重要的是可对电池深度充电，提升电池的充放电效率，延长电池的使用寿命。因其充电时间较长，比较适用于白天使用、晚上充电的车辆。

（2）便携式充电器的主要参数

以比亚迪为例，其便携式充电器如图 1-1-1 所示，是目前市场上体积较小的便携式交流充电设备，使用普通家用三芯插座即可为车辆充电，其主要技术参数见表 1-1-1。

便携式充电器上装有红色、绿色两个 LED 指示灯，能够反映充电器的电源、充电、故障信息。LED 指示灯状态说明见表 1-1-2。

图 1-1-1 比亚迪便携式充电器

表 1-1-1 比亚迪便携式充电器的主要技术参数

项目	参数	项目	参数
输入、输出电压	AC（220±10%）V	保护功能	过流保护 / 浪涌保护 / 过温保护 / 漏电保护
输入、输出电流	8 A	参照标准	GB/T 18487.1—2015、GB/T 20234.2—2015、NB/T 33002—2018、NB/T 33008.2—2018
工作频率	50/60 Hz	外壳防护等级	IP67
待机功耗	<5 W	冷却方式	自然冷却
输出接口标准	GB/T 20234.2—2015（国标枪）	工作温度	（-25～+50）℃
控制方式	插枪启动	环境湿度	5%～95%，无凝露
LED 灯的显示含义	电源、充电、故障	显示方式	LED 指示灯

表 1-1-2 LED 指示灯状态说明

序号	红色指示灯	绿色指示灯	状态说明	指示灯位置
1	常亮	—	待机 / 启动状态	
2	常亮	1 s 闪烁 1 次	充电状态（地线连接正常）	
3	两灯同时闪烁（1 s 闪烁 1 次）		充电状态（地线连接异常）	红灯
4	常亮	常亮	充电完成	绿灯
5	1 s 闪烁 1 次	常亮	过温保护	
6	两灯同时闪烁（3 s 闪烁 1 次）		过流保护	
7	两灯交替闪烁（1 s 闪烁 1 次）		漏电保护	
8	3 s 闪烁 1 次	常亮	CP 异常保护	

注意：

1）电源侧插座应严格使用符合标准要求的插座，严禁使用其他插座。

2）电源侧插座前端需配备额定电流为 10 A 的漏电断路器。

3）电源侧采用单相三线制进线（L、N、PE），并按标准接线，否则易造成故障、危险或者线上控制盒的损坏。

4）在充电过程中，严禁强行拔出交流充电枪，否则易造成充电枪损坏，以及给操作人员带来危险。

（3）便携式充电器的结构

便携式充电器主要由交流充电枪、交流插头、主控制板、控制盒和连接电缆等组成，其结构如图 1-1-2 所示。控制盒的内部结构如图 1-1-3 所示，其主要元件的作用见表 1-1-3。

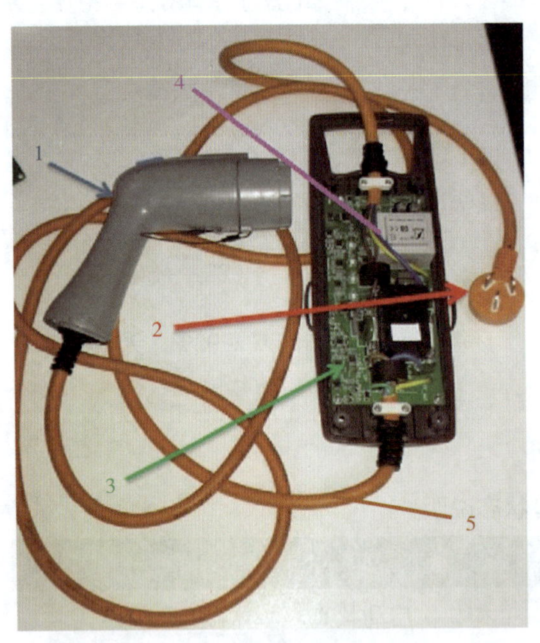

图 1-1-2 便携式充电器的结构
1—交流充电枪 2—交流插头 3—主控制板 4—控制盒 5—连接电缆

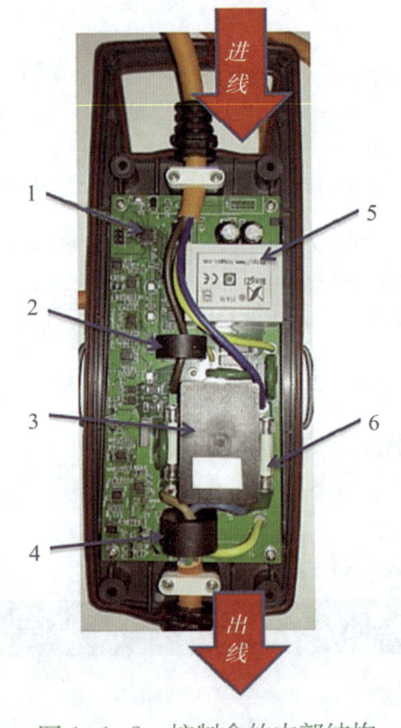

图 1-1-3 控制盒的内部结构
1—主控单片机 2—电流互感器 3—继电器 4—零序电流互感器 5—工频变压器 6—熔丝

表 1-1-3 便携式充电器控制盒内部元件的作用

元件名称	作用
主控单片机	起充电逻辑控制和电气保护作用
电流互感器	起检测电流作用，提供过流保护

续表

元件名称	作用
继电器	起充电回路主开关作用
零序电流互感器	起漏电保护作用
工频变压器	起电压转换作用，将供电电压转换成低压
熔丝	起电路保护作用

2. 壁挂式充电盒

（1）壁挂式充电盒的作用

壁挂式充电盒是为了满足乘用车、物流车等电动汽车充电而配备的充电设备，可安装在车库、停车场等场所。充电盒内的高压线路、低压线路和电子元器件结构复杂，可为具备车载充电机的电动汽车提供交流电能，操作简便。

（2）壁挂式充电盒的主要参数

以比亚迪壁挂式充电盒为例，根据充电功率不同可将其分为 3.3 kW/7 kW 和 40 kW 两种，如图 1-1-4、图 1-1-5 所示。

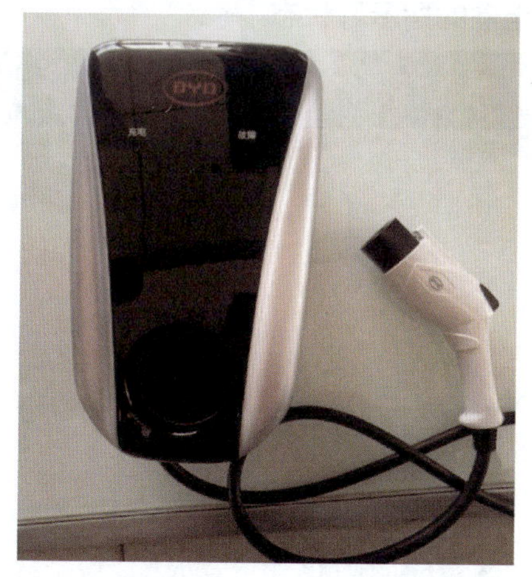

图 1-1-4　比亚迪 3.3 kW/7 kW 壁挂式充电盒

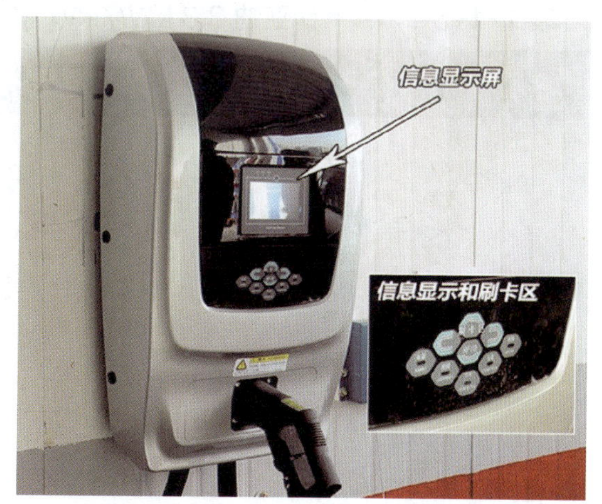

图 1-1-5　比亚迪 40 kW 壁挂式充电盒

比亚迪 3.3 kW/7 kW 壁挂式充电盒的技术参数见表 1-1-4，在壁挂式充电盒上有“BYD”“充电”“故障”三个 LED 指示灯，能反映充电器的电源、充电、故障信息，指示灯状态见表 1-1-5。

表 1-1-4　　比亚迪 3.3 kW/7 kW 壁挂式充电盒的技术参数

项目	参数	项目	参数
输入、输出电压	AC（220±20%）V	固定方式	壁挂式 / 柱式
输入、输出电流	16 A/32 A	保护功能	过流保护 / 浪涌保护 / 短路保护 / 过温保护 / 漏电保护
工作频率	50/60 Hz	认证	CQC
待机功耗	<10 W	参照标准	GB/T 18487.1—2015、GB/T 20234.2—2015、NB/T 33002—2018、NB/T 33008.2—2018
输出接口标准	GB/T 20234.2—2015（国标枪）	外壳防护等级	IP55
控制方式	插枪启动、扫码充电	工作温度	（-25～+50）℃
显示方式	LED 指示灯	LED 灯的显示含义	电源、充电、故障

表 1-1-5　　比亚迪 3.3 kW/7 kW 壁挂式充电盒的指示灯状态

序号	“BYD”指示灯	充电指示灯	故障指示灯	状态说明
1	常亮	常亮	/	待机
2	常亮	1 s 闪烁 3 次	/	正在充电
3	常亮	2 s 闪烁 1 次	/	充满电
4	常亮	/	1 s 闪烁 1 次	过温保护
5	常亮	/	3 s 闪烁 1 次	过流故障
6	常亮	/	5 s 闪烁 1 次	CP 短路
7	常亮	/	常亮	CP 异常故障

（3）壁挂式充电盒的结构

壁挂式充电盒的外部结构如图 1-1-6 所示，其内部主要元件的作用见表 1-1-6。

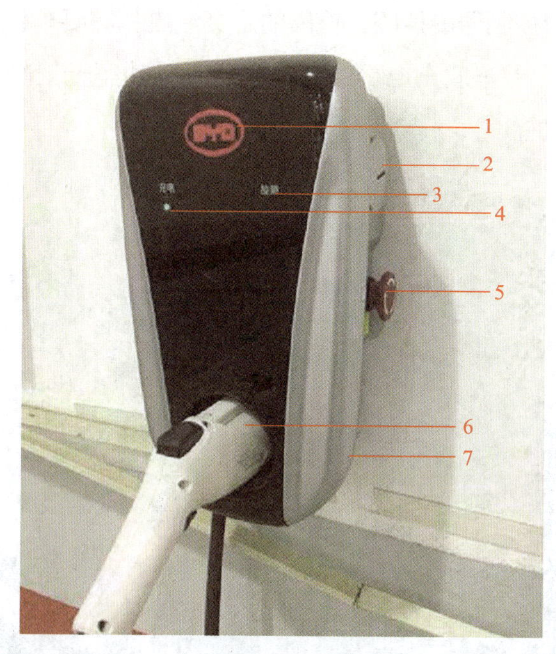

图 1-1-6 壁挂式充电盒的外部结构

1—“BYD”（电源）指示灯 2—检修口 3—故障指示灯 4—充电指示灯 5—急停开关 6—充电枪 7—接线舱

表 1-1-6 壁挂式充电盒内部主要元件的作用

元件名称	作用
“BYD”（电源）指示灯	用于指示充电盒状态，当充电盒带电时，该指示灯点亮
检修口	用户可以通过检修口进行漏电断路器的功能测试
故障指示灯	用于指示充电盒是否处于故障状态
充电指示灯	用于指示充电盒是否处于充电状态
急停开关	紧急情况下按下急停开关，即可断开充电盒输出电源，使充电盒停止工作；若想恢复工作，需顺时针旋转急停开关至开关弹出
充电枪	用于为汽车充电
接线舱	用于将客户侧电缆接线至充电盒，给充电盒提供电源

3. 立柱式充电桩

（1）立柱式充电桩的作用

立柱式充电桩又称交流充电桩，俗称“慢充”，固定安装在电动汽车外，与交流电网连接，为电动汽车车载充电机提供交流电源。立柱式充电桩只提供电力输出，没有充电功能，需连接车载充电机为电动汽车充电，相当于起到一个控制电源的作用。立柱式充电桩本质上就是一个带控制器的插座，输出的是交流电，需要车载充电机进行变压整流。因为立柱式充电桩受限于车载充电机的功率，所以其功率一般较小。图 1-1-7 所示为 7 kW 标准立柱式充电桩。

图 1-1-7　7 kW 标准立柱式充电桩

（2）立柱式充电桩的特点

1）人机交互界面采用大屏幕 LCD 彩色触摸屏，用于显示当前充电模式、时间（已充电时间、剩余充电时间）、电量（已充电电量、待充电电量）及当前计费信息。充电模式可选择定电量、定时间、定金额、自动（充满为止）四种模式。

2）支持刷卡、扫码等多种支付方式。

3）满足 GB/T 20234.1—2015、GB/T 20234.2—2015、GB/T 18487.1—2015 等最新国家标准的要求。

4）人机界面友好，易操作、易维护。

5）通信接口丰富，兼容所有车辆 BMS 通信协议及充电后台协议。

6）保护功能完善，具有过压保护、欠压保护、过载保护、短路保护、漏电保护等功能。

（3）立柱式充电桩的结构

立柱式充电桩的内、外部结构如图 1-1-8 所示，主要包括指示灯、触摸屏、刷卡器、急停按钮、充电口、计费控制单元、接触器、开关电源等。

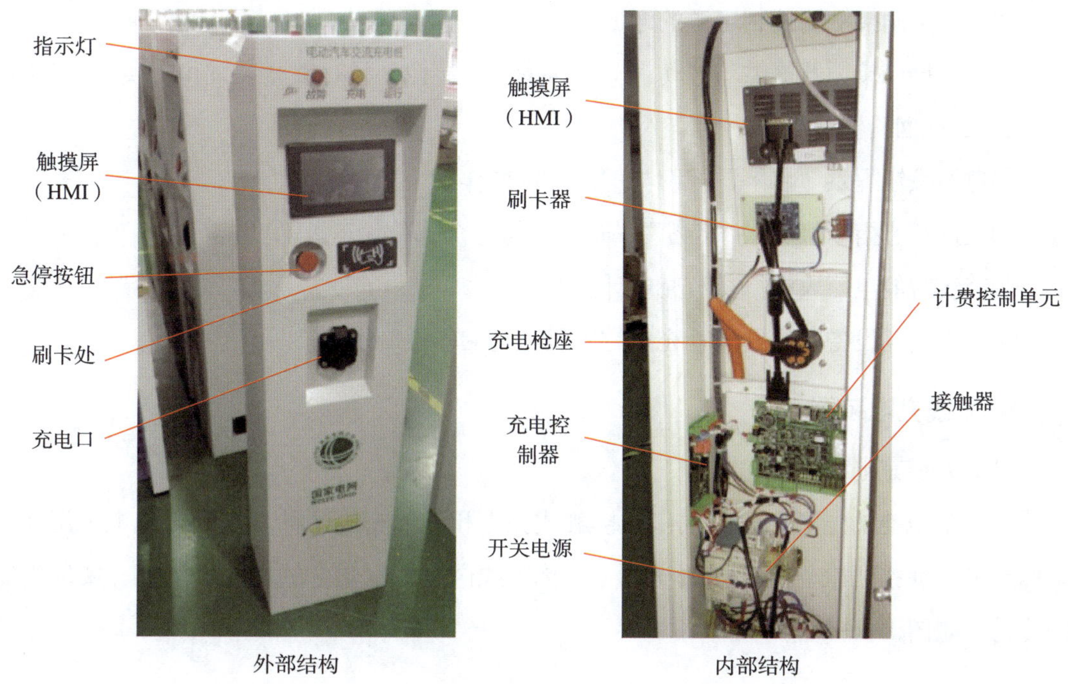

图 1-1-8 立柱式充电桩的内、外部结构

（4）立柱式充电桩电气系统架构

立柱式充电桩电气系统架构如图 1-1-9 所示，由主回路和二次回路组成。主回路由输入保护断路器、交流控制接触器和充电接口接插器组成；二次回路由控制继电器、急停按钮、运行状态指示灯、交流智能电能表、充电桩智能控制器和人机交互设备（包括显示、输入和刷卡功能）组成。

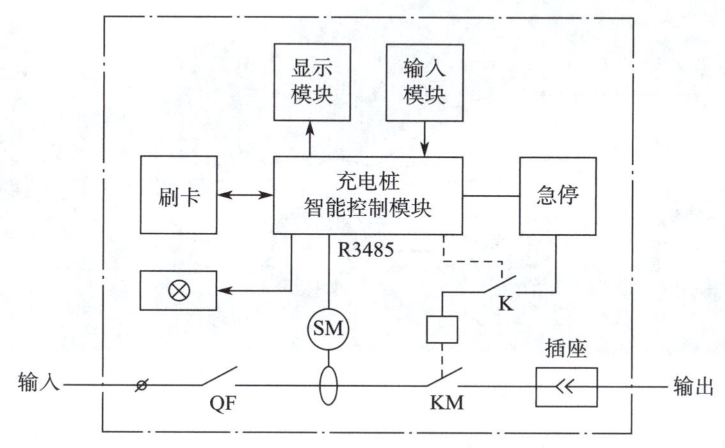

图 1-1-9 立柱式充电桩电气系统架构

主回路和二次回路的主要功能如下：

1）主回路

①输入保护断路器具有过载、短路和漏电保护功能。

②交流控制接触器控制电源的通断。

③充电接口接插器提供与电动汽车连接的充电接口，具有锁紧装置和防误操作功能。

2）二次回路

①急停按钮提供“启停”控制与“急停”操作。

②运行状态指示灯提供“待机”“充电”与“充满”状态指示。

③交流智能电能表进行交流充电计量。

④人机交互设备提供刷卡、充电方式设置与启停控制操作。

4. 无线充电装置

（1）无线充电装置的优缺点

动力蓄电池的电气充电方法包括接触式充电和无线充电两种。接触式充电采用插头与插座的金属接触来导电；无线充电（或称无线供电）以耦合的电磁场为媒介实现电能的传递，如图 1-1-10 所示。

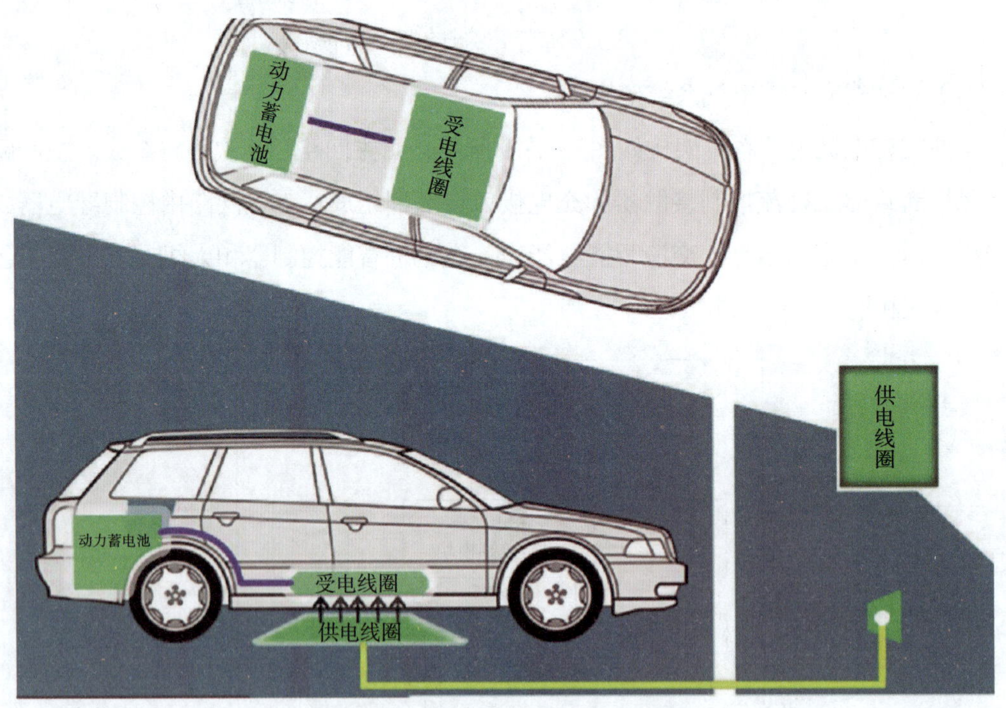

图 1-1-10　电动汽车的无线充电

动力蓄电池组输出电压较高，带来的安全隐患较多，因此，安全性和方便性是无线充电的发展方向。无线充电便于实现无人自动充电和移动式充电，在保证所需行驶里程的前提下，可通过频繁充电来大幅减少电动汽车配备的动力蓄电池容量，减轻车体质量，提高能量的有效利用率，并且有助于降低电动汽车初始购置成本，推进电动汽车的市场化。

无线充电是将变压器的一次侧、二次侧绕组分置于车外和车内，通过高频磁场的耦合传输电能。与接触式充电相比，无线充电使用方便、安全，无火花及触电危险，无积尘和接触损耗，无机械磨损和相应的维护问题，可适用于恶劣环境和天气。无线充电技术也有缺点，如成本较高等。无线充电技术的优缺点见表 1–1–7。

表 1–1–7　　无线充电技术的优缺点

优点	缺点
充电设备占地小，充电便利性高	充电效率不高，峰值充电效率为 90% 左右，而接触式充电效率为 95% 左右
充电设施可无人值守，后期维护成本低	传递功率不够大，一般在 10 kW 以下
相同占地面积下充电的电动汽车数量提升，空间利用率增大	存在安全性问题：主要采用电磁方式，存在辐射泄漏等问题

（2）两种无线充电技术的比较

目前，主流的电动汽车无线充电技术有两种，分别是电磁感应和磁场共振。这两种无线充电技术的比较见表 1–1–8。

表 1–1–8　　两种无线充电技术的比较

项目	电磁感应	磁场共振
优点	能量转换率高	一对多充电，无须精准对位
缺点	只能一对一充电，供电距离为 0 ~ 10 cm	能量传输损耗高
代表品牌	宝马、奔驰、奥迪	丰田、高通

1）电磁感应技术

电磁感应式无线充电技术在电力系统中比较成功的应用是非接触式电能传输。非接触式电能传输是利用电磁感应耦合技术、电力电子技术和现代控制技术实现的电源侧与负载侧完全分离的电能传输技术。它避免了传统电能传输方式中裸露导体的存在和接触火花的产生，克服了传统电能传输方式在一些特殊环境存在的弊端，如在易燃易爆、水下等场合，实现了电能的安全、可靠传送。

该技术相对较成熟，在传输功率上比较容易获得突破，但其传输效率不高，而且传输距离很短，基本需要贴在一起，因此只适合在局部电网中应用。这种方式其实是利用了变压器磁耦合的原理，由一次侧线圈通入电流，产生变化的磁通，然后在二次侧线圈内激起感应电动势，从而实现电能的无线传输。

2）磁场共振技术

与电磁感应技术相比，磁场共振技术的优势在于能在更大的范围内实现有效的能量传递，具有更高的空间自由度。因此，其可靠性更高，而且支持多个设备同时充电。

磁场共振技术的原理是：发送端遇到共振频率相同的接收端，由共振效应进行电能传输。这种方式传输距离较远，同时传输的功率较大，适合远距离、大功率充电。但这种方式效率较低，传输过程中有较大的能量损耗，且距离越远，传输功率越大，能量损耗也就越大。更重要的是必须对使用的频段进行保护，以免受到外界因素的干扰。

二、交流充电装置的使用

进行车辆充电前，应先进行基础检查，确认充电设备没有生锈、破损现象，交流充电枪、电缆、控制盒、电线以及供电插头表面没有破损等异常情况，如发现异常则不能进行充电。当供电插头或车辆插头很脏或潮湿时，应用干燥、清洁的抹布擦拭插头，确保充电插头干净。

1. 便携式充电器的使用

便携式充电器的使用见表 1-1-9。

表 1-1-9　　便携式充电器的使用

操作步骤	图片
1. 将车辆置于 OFF 挡，打开充电口防护盖锁扣控制开关	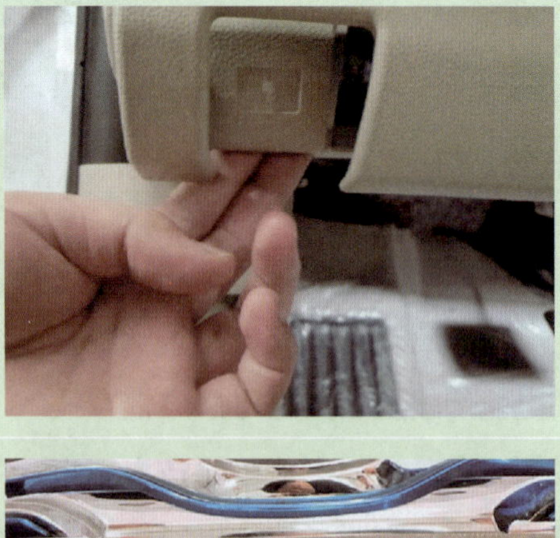
2. 打开充电口防护盖，检查充电口，确保充电口干净、整洁、无磨损	

续表

操作步骤	图片
3. 检查便携式充电器本身有无破损	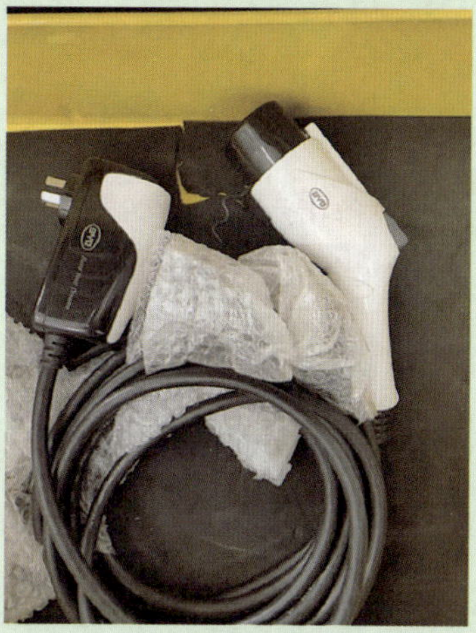
4. 将便携式充电器连接装置的供电插头插入家用供电插座中	
5. 将交流充电枪插入车辆插座中	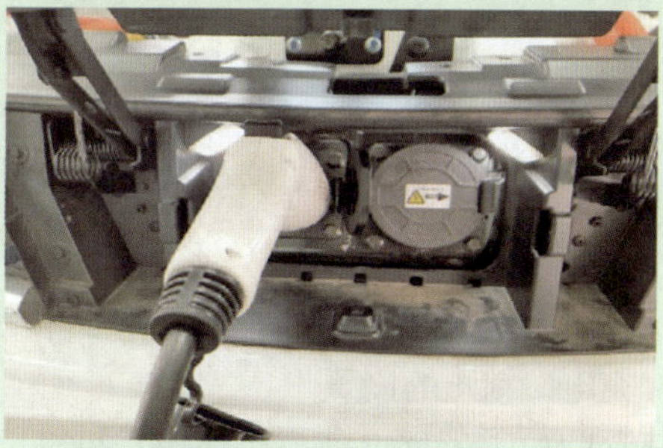
6. 从充电设备指示灯或者车辆仪表上确认充电状态	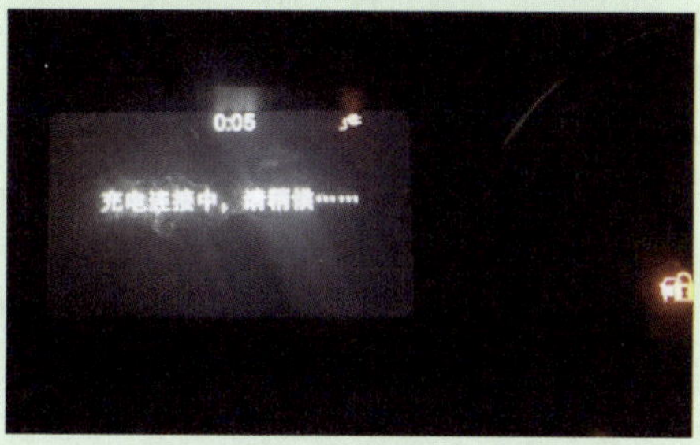

续表

操作步骤	图片
6. 从充电设备指示灯或者车辆仪表上确认充电状态	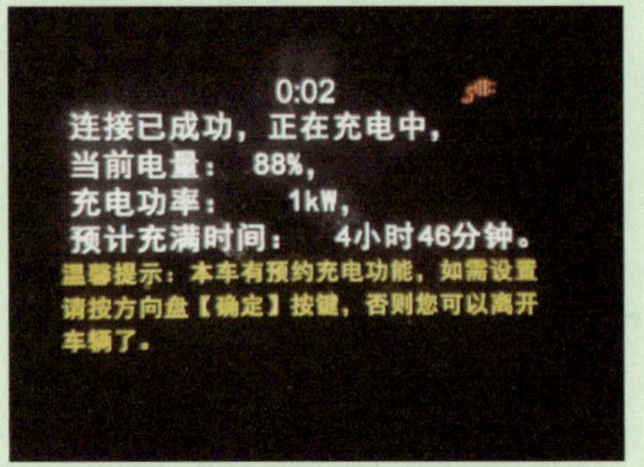
7. 结束充电 （1）如果电锁工作模式为“开启防盗”：拔枪前，需要按钥匙或者微动开关解锁，车辆解锁 30 s 内，用力按压充电枪解锁按钮，向车辆外部方向拔出充电枪 （2）如果电锁工作模式为“停用防盗”：停止充电后，可直接用力按压充电枪解锁按钮，向车辆外部方向拔出充电枪	
8. 充电口锁止的设置 在转向盘上选择“确认”按钮，进入一级菜单，选择“个性化”选项，进入二级菜单，选择“充电口电锁工作模式设置”选项，按“确定”按键进行设置	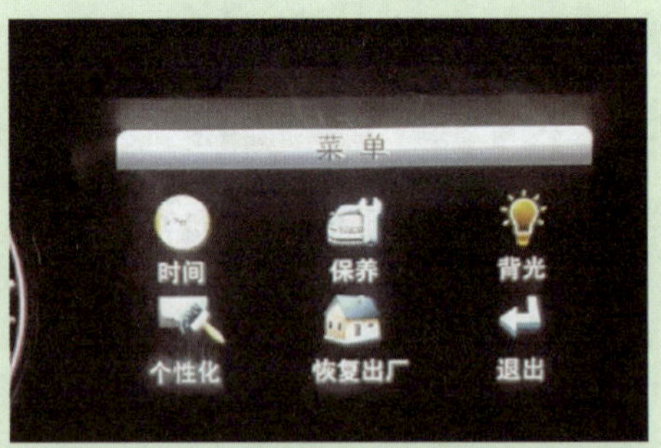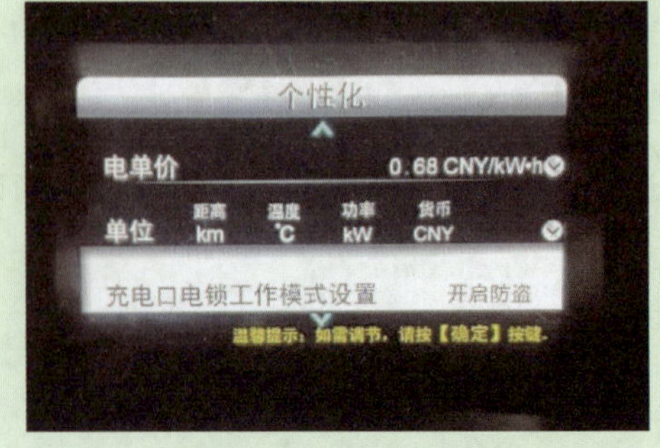

续表

操作步骤	图片
9. 预约充电的设置 在开始充电界面选择转向盘上的“确定”按键，进行预约充电的设置	
注意： （1）充电设备必须接地良好，如果出现故障或者损坏，接地线可提供最小阻抗电路放电，从而减少触电的危险。设备应装有设备接地点与供电插头接地点相连的接地线。供电插头必须与安装正确且接地良好的电源插座互配 （2）整车未解锁时，不能强行开启充电口防护盖 （3）停止充电时，应先断开充电设备的车辆端供电插头，再断开电源端供电插头	

2. 壁挂式充电盒的安装与使用

（1）壁挂式充电盒的安装

1）安装前的准备工作

在安装前，先要勘查确认是否符合安装条件，比如是否有固定车位，离国家电网线路距离有多远等，了解小区物业、当地供电部门对于安装充电盒的政策，向它们询问安装方案、安装面积、电路布置情况等。现场勘测之后，施工方才能根据实际情况给出最终的施工方案，包括安装费用。

为了充电盒的运行安全，安装场所必须满足以下条件：

①安装位置必须随时可接近。

②充电盒不应安装在有剧烈振动和易燃易爆物品的场所（如有易燃气体、蒸汽或者粉尘的场所）。

③充电盒不应安装在地势低洼并可能积水的场所。

④充电盒的安装场所要求通风良好。

⑤安装位置应保证方便观测指示灯及各种操作。

⑥安装环境应清洁。

2）安装前的资料准备

申请安装壁挂式充电盒的资料包括：充电盒（电动汽车）持有人身份证复印件、向小区物业索取车位的产权证明书、小区物业统一的安装充电桩说明书，资料收集齐全后交给电力部门工作人员。

3）安装过程

壁挂式充电盒的安装见表 1-1-10。

表 1-1-10　　壁挂式充电盒的安装

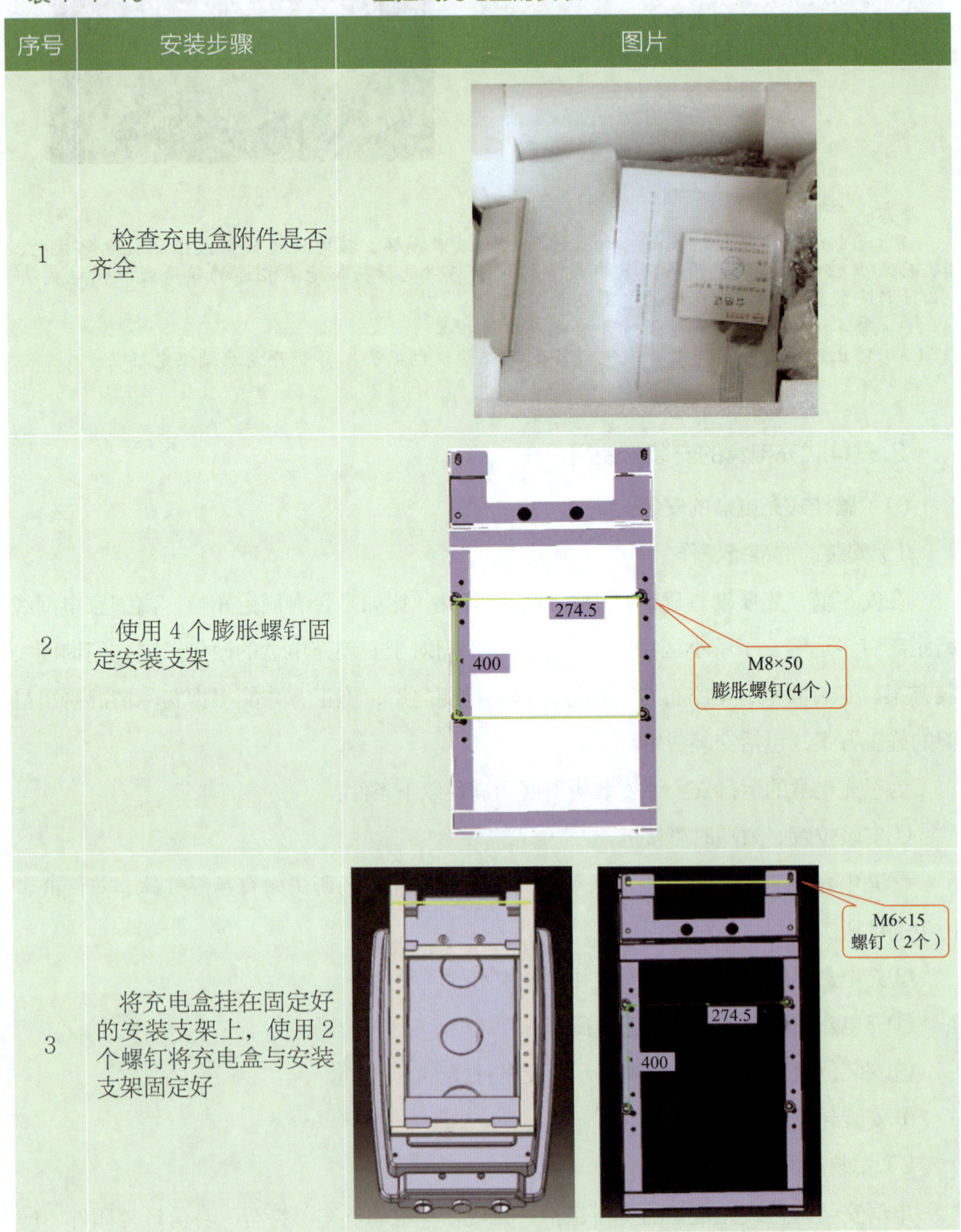

序号	安装步骤	图片
1	检查充电盒附件是否齐全	
2	使用 4 个膨胀螺钉固定安装支架	274.5 400 M8×50 膨胀螺钉(4个)
3	将充电盒挂在固定好的安装支架上，使用 2 个螺钉将充电盒与安装支架固定好	M6×15 螺钉（2个） 274.5 400

续表

序号	安装步骤	图片
4	使用4个膨胀螺钉固定控制箱	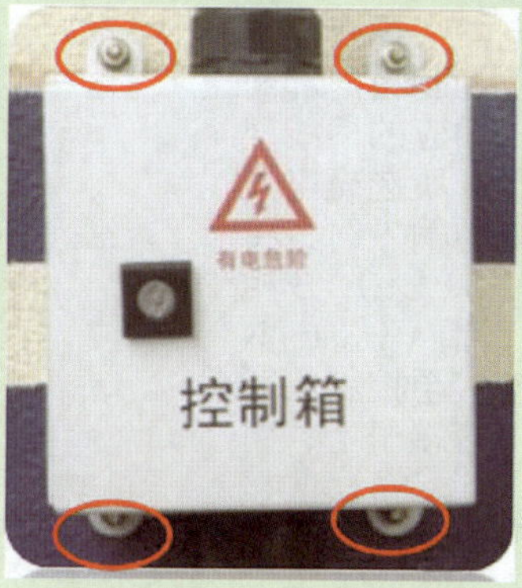
5	使用膨胀胶塞以及自攻螺钉将弹簧平衡器固定好	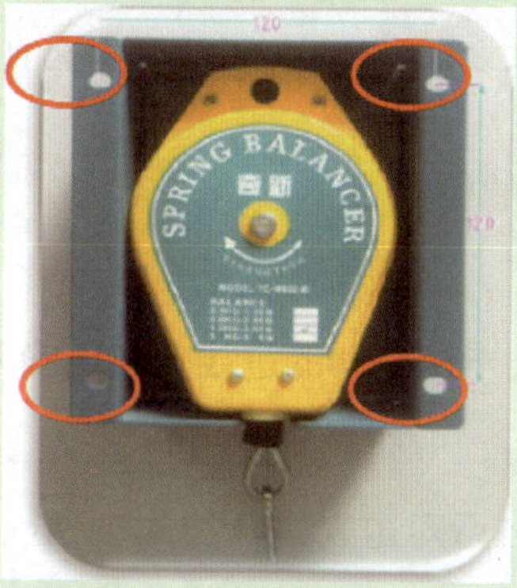
6	将弹簧平衡器挂钩挂在线缆固定夹两压片之间的螺钉上，将充电枪电缆吊置起来	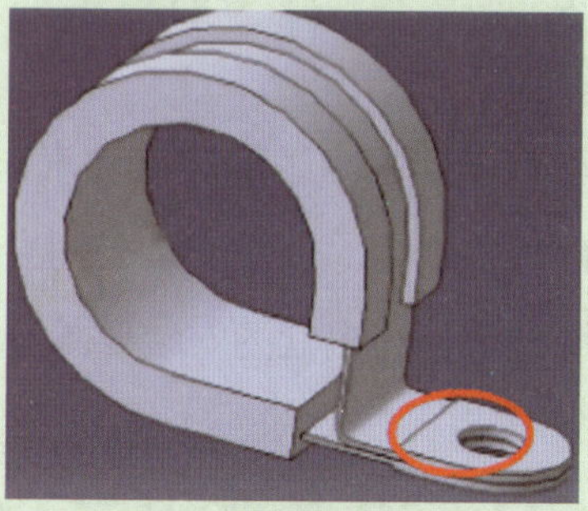
7	安装好后的壁挂式充电盒如右图所示	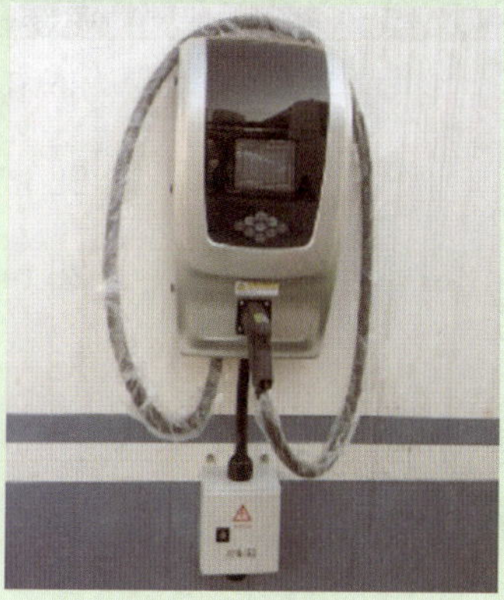

续表

序号	安装步骤	图片
8	将充电盒上配有的电缆连接至控制箱内部断路器上，相应的相线连接要正确。所选充电盒为三相电源输入时，将电网A相（L1）、B相（L2）、C相（L3）、N相线束连接至控制箱断路器的相应端子上，将PE相（黄绿色）直接连接在控制箱内部接地端子上	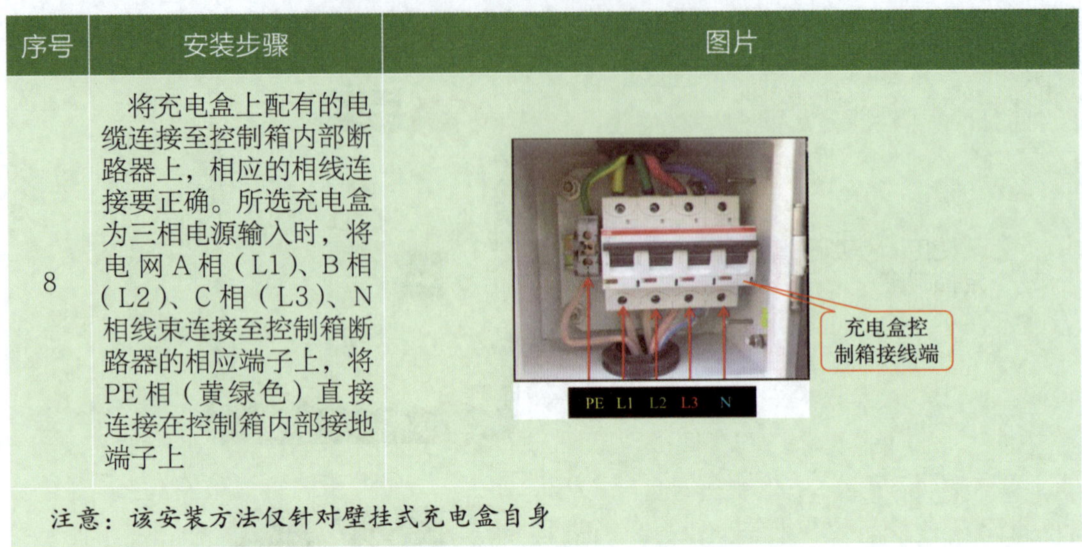
注意：该安装方法仅针对壁挂式充电盒自身		

4）安装后的检查

安装完成后，必须检查现场的所有电气连接，确保连接正确、牢固。确保管形端子压紧、牢靠，漏电断路器的进线方向正确无误。

安装完成后，由充电盒公司向国家电力部门报备存档，由电力公司工作人员到现场进行验收（合格后对电表进行加封），验收后电力公司会制造专门的电卡用于充电盒缴费，电卡制作完成后由充电盒公司领取再转交给用户（或用户自取）。

5）安装要求

目前，电动汽车厂家为了推广电动汽车都免费赠送充电盒，赠送的充电盒安装时一般不需要缴纳额外的费用。但是安装公司会根据实际情况收取费用，如加长充电枪线束、加长充电盒电源线等。充电盒的安装要求及规格见表1-1-11。

表1-1-11　充电盒的安装要求及规格

序号	项目	安装内容	要求及规格
1	免费部分	电缆	3×6 RVV/YJV 带凯电缆
2		镀锌管	25 mm/1.2
3		PVC 管	25 mm
4		空气开关	32～40 A 带漏电保护
5		Pz30 配电盒	—
6		充电桩	3.5 kW 交流充电桩（446 mm×230 mm×150 mm）

续表

序号	项目	安装内容	要求及规格
7		其他施工辅材	—
8		人工费用	电力施工不含特殊施工
9	免费部分	2 年安装工程质保	1.24 h 服务热线 2. 专业的客户服务体系和售后服务工程师 3. 服务中心城市 12 h 内上门服务
10		国电报装	为客户向国电报装的相关服务
11		现场勘查	现场勘查，出具施工方案
12	超出收费	人工 / 材料费用	含电缆、镀锌管或 PVC 管、普通布线人工费
13		挖土、复原	常规地面（非承重）
14		挖土、复原	水泥 / 沥青地面（非承重）
15		草坪砖、步道砖	非承重
16	特殊施工部分	开孔	普通孔
17		桥架制作	50 mm × 100 mm
18		高空作业费	高度为 5 m 以上 20 m 以下
19		接地针	—
20		混凝土柱基	450 mm × 450 mm × 450 mm

（2）壁挂式充电盒的使用

壁挂式充电盒的使用见表 1-1-12。

表 1-1-12　　壁挂式充电盒的使用

操作步骤	图片
1. 将车辆置于 OFF 挡，打开充电口防护盖，确保充电口干净、整洁	

续表

操作步骤	图片
2. 将充电枪从充电盒正面的插座上取下（国标枪需按住充电枪轻触开关按钮）	
3. 连接充电枪与电动汽车充电口，此时连接指示灯（Connect）点亮	 
4. 连接指示灯点亮后，充电盒触摸屏进入“请刷卡”界面，在此界面中用户可以通过“语言”按钮选择不同的显示语言	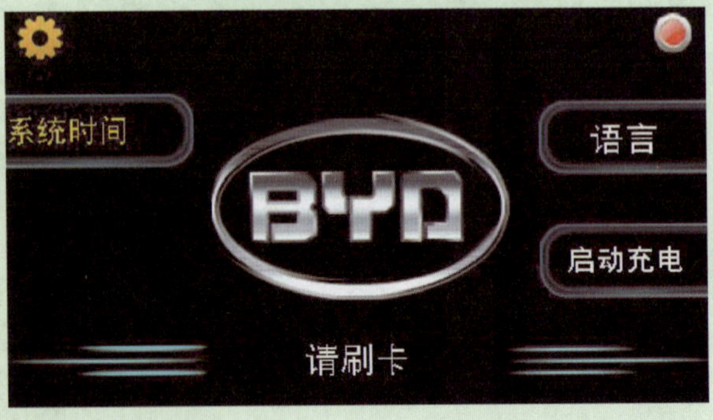

续表

操作步骤	图片
5. 进行通信 （1）如果是刷卡用户，则需要进行刷卡才能对电动汽车充电，刷卡后，系统进入“启动”界面，充电盒与电动汽车进行通信 （2）如果用户希望使用按钮充电功能，则需在界面上点击“启动充电”按钮，系统即进入“启动”界面	
6. 完成上述操作后，充电盒开始为电动汽车充电。在充电过程中，充电界面的 SOC 进度条闪烁，充电指示灯（Charging）闪烁	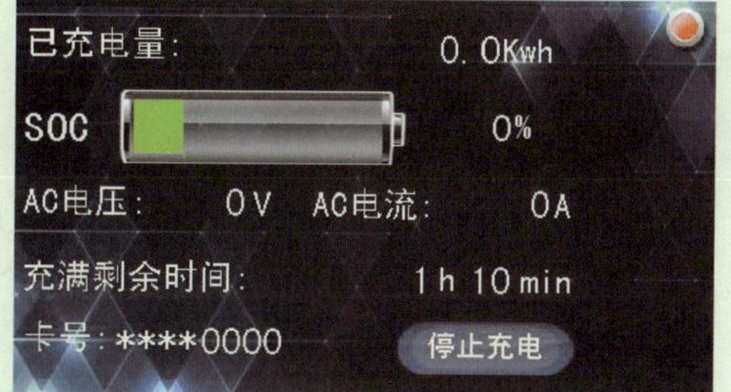
7. 当充电完成时，充电盒自动停止充电，SOC 进度条显示为 100%，此时完成指示灯（Complete）闪烁	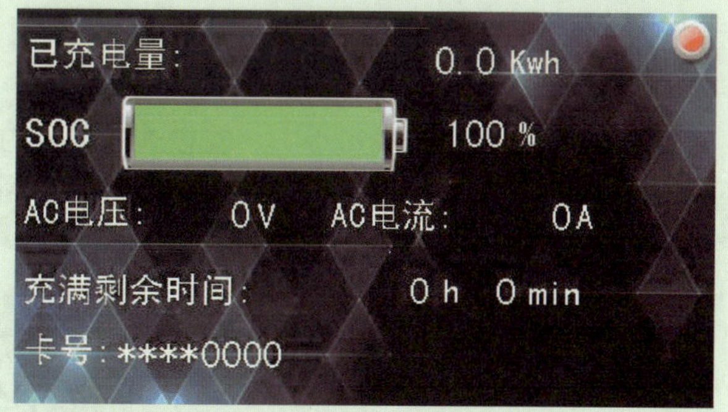
8. 将充电枪从充电口中拔出（国标枪需按住充电枪轻触开关按钮），此时，触摸屏显示“谢谢使用”界面，3 s 后触摸屏背景灯熄灭，进入休眠状态	

续表

操作步骤	图片
9. 将充电枪放回充电盒插座内，盖上电动汽车充电口防护盖，完成本次充电操作	
注意： （1）儿童禁止碰触充电盒 （2）如果在充电过程中需要停止充电，应再次刷卡或点击屏幕上的“停止充电”按钮。充电盒的启停控制需要使用同一张卡 （3）确保安装的充电盒远离烟火、粉尘及腐蚀性场所 （4）有故障的充电盒存在电击危险，甚至可能致死。因此，遭遇特殊情况时，应立刻按下急停开关，请示专业人员，切勿擅自操作	

3. 立柱式充电桩的使用

立柱式充电桩的使用见表 1-1-13。

表 1-1-13　　立柱式充电桩的使用

操作步骤	图片
1. 将车辆置于 OFF 挡，打开充电口防护盖，确保充电口干净、整洁	

续表

操作步骤	图片
2. 准备好充电连接线，检查充电线束和充电接口是否有裂纹、烧蚀和磨损	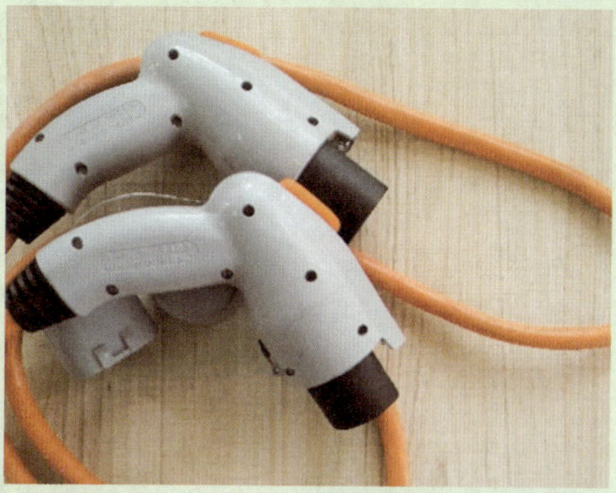 
3. 若无上述情况，则连接充电桩与电动汽车，注意区分电动汽车端和充电桩端	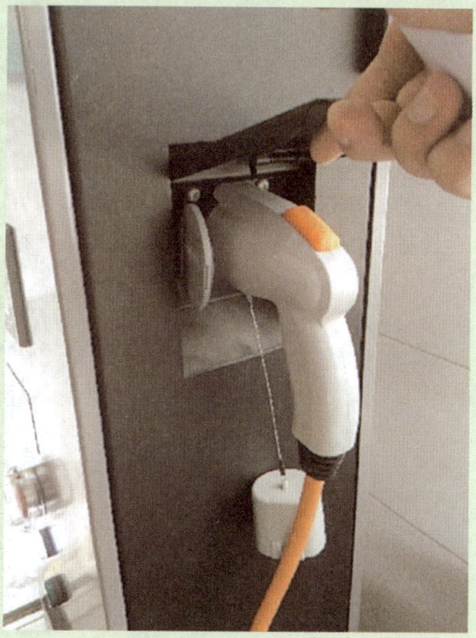

续表

操作步骤	图片
3. 若无上述情况，则连接充电桩与电动汽车，注意区分电动汽车端和充电桩端	
4. 观察电动汽车仪表显示，确保充电桩与电动汽车连接成功后，点击屏幕上的“开始充电”按钮	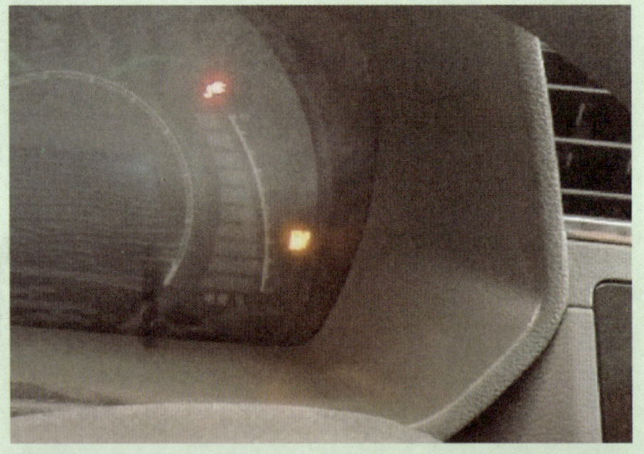 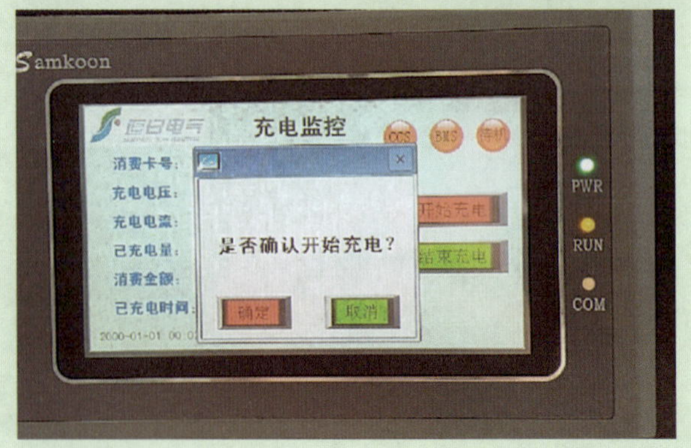

续表

操作步骤	图片
5. 根据使用者的需求不同，选择适合的充电模式并点击屏幕上对应的按钮	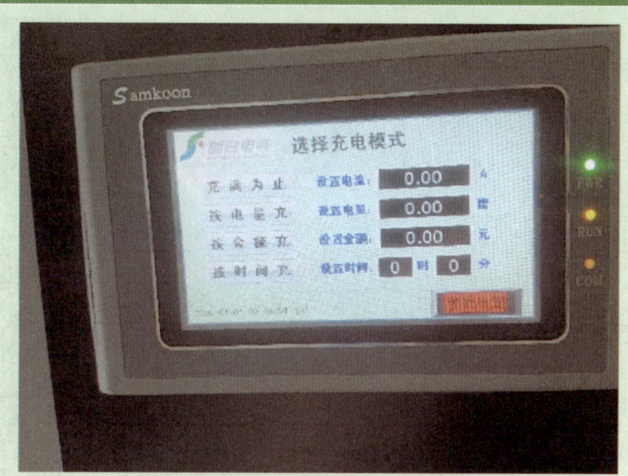
6. 将磁卡放置在感应区域，系统会自动读取卡内数据，并启动充电程序开始充电。在充电过程中，应保证车辆与充电桩连接正常，不要触碰或插拔充电枪	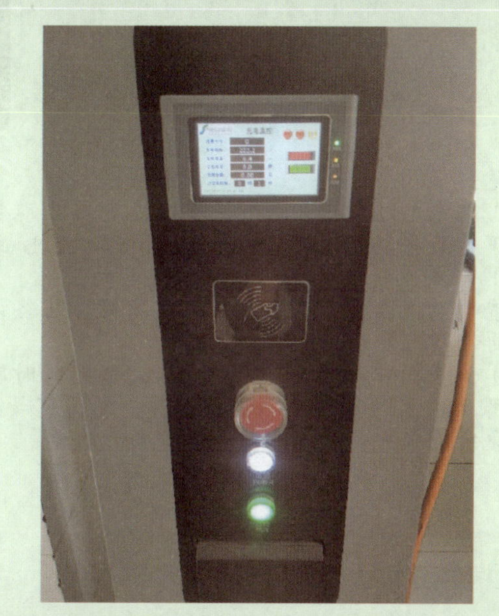
7. 充电完成后，点击“结束充电”按钮，刷卡完成结算	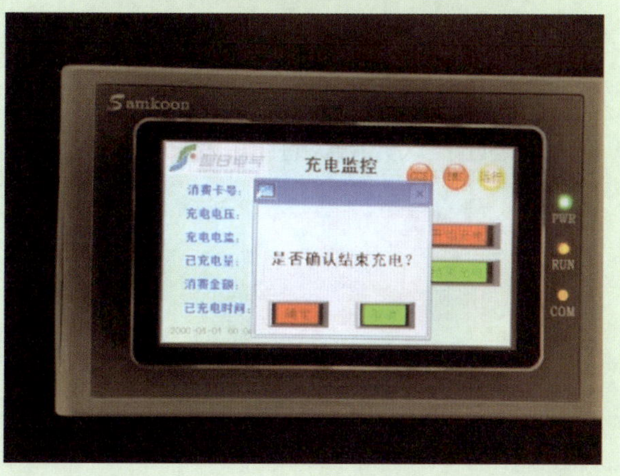

续表

<table>
<tr><th>操作步骤</th><th>图片</th></tr>
<tr><td>8. 充电程序关闭后取下充电枪，关闭电动汽车充电口防护盖</td><td></td></tr>
<tr><td colspan="2">注意：
（1）若充电过程中，电动汽车或充电桩出现明火，有异常气味或冒烟等突发情况，应立即按下（某些型号的充电桩为旋转操作）充电桩上的红色“急停开关”
（2）若发生电动汽车无法启动充电的情况，应检查电动汽车是否为国标充电枪或插口，并检查电动汽车是否提示故障。若有故障应咨询电动汽车经销商，若无问题可重新插拔充电枪再次尝试启动充电
（3）如果操作人员在充电磁卡未完成结算时即离开，充电桩会在下次读取此磁卡时，先行按照上次未结算的金额进行结算，结算完毕后才能继续使用此磁卡进行正常充电操作。为避免经济损失，充电结束后务必刷卡结算</td></tr>
</table>

思考与练习

1. 简述交流充电装置的类型。
2. 简述立柱式充电桩的特点。
3. 简述壁挂式充电盒的作用及使用步骤。

技能实训 1　交流充电装置的安装与使用

技能实训	交流充电装置的安装与使用	日期		成绩	
学生姓名		学号		班级	

一、实训目标

1. 了解交流充电装置的基本结构与组成。
2. 掌握交流充电装置的使用方法。
3. 能正确安装并使用交流充电装置。

二、实训器材

查阅相关资料，写出下列实训器材的名称及用途。

外形	名称	用途
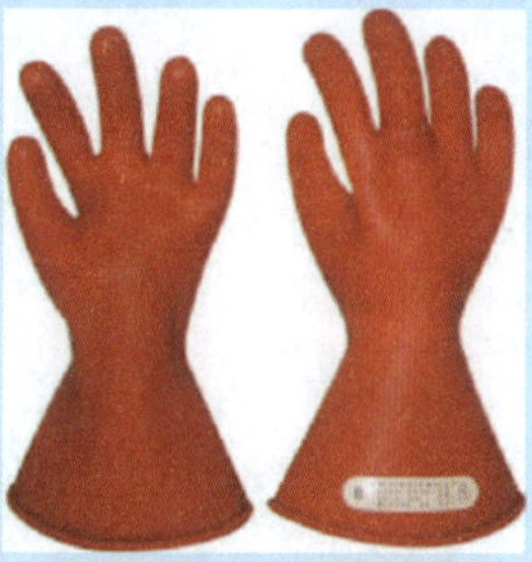		

续表

外形	名称	用途

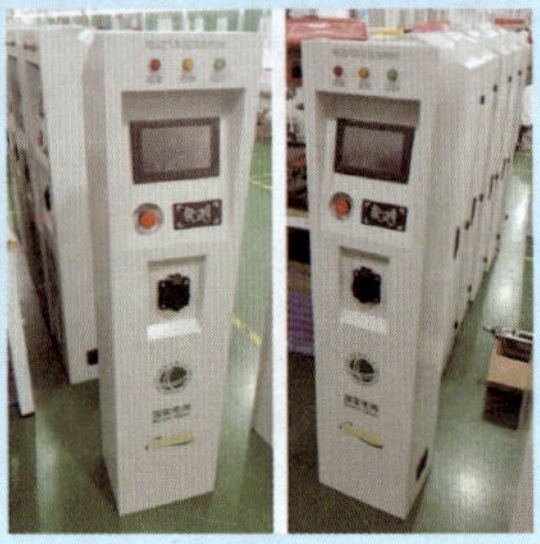		

三、知识准备

1. 便携式充电器 LED 指示灯

查阅相关资料，观察便携式充电器的充电状态，填写下表。

指示灯位置	红色指示灯	绿色指示灯	状态说明
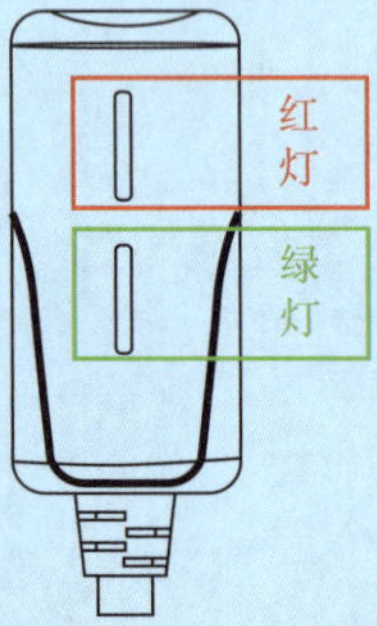 红灯 绿灯	常亮	常亮	
	1 s 闪烁 1 次	常亮	
	两灯同时闪烁（3 s 闪烁 1 次）		
	两灯交替闪烁（1 s 闪烁 1 次）		
	3 s 闪烁 1 次	常亮	

2. 壁挂式充电盒指示灯

查阅相关资料，观察壁挂式充电盒的充电状态，填写下表。

序号	“BYD”指示灯	充电指示灯	故障指示灯	状态说明
1	常亮	常亮	/	
2	常亮	1 s 闪烁 3 次	/	
3	常亮	2 s 闪烁 1 次	/	
4	常亮	/	1 s 闪烁 1 次	
5	常亮	/	3 s 闪烁 1 次	
6	常亮	/	5 s 闪烁 1 次	
7	常亮	/	常亮	

四、实训内容及步骤

1. 作业前准备

准备作业工具及设备，检查工作场地和设备设施是否清洁，是否存在安全隐患，如不正常应汇报给实训教师。

检查项目	检查内容
安全防护用品	
作业工具	
实训设备设施	
辅助资料	

2. 安装与使用流程

编写壁挂式充电盒的安装与使用流程，填写下表。

序号	安装与使用流程

续表

序号	安装与使用流程

3. 小组分工

分工	组员	分工	组员
操作员		记录员	
监护员		展示员	

4. 安全注意事项

查阅相关资料，填写下表。

序号	注意事项

5. 壁挂式充电盒的安装与使用

通过相关知识的学习，填写下表。

序号	图片	操作步骤
1		

续表

序号	图片	操作步骤
2	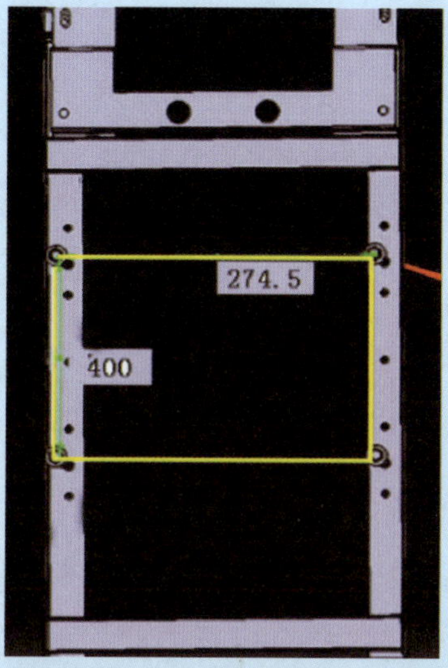 274.5 400	
3	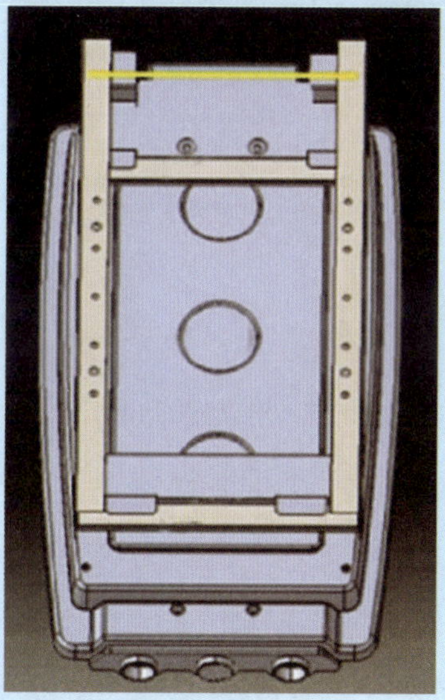	
4	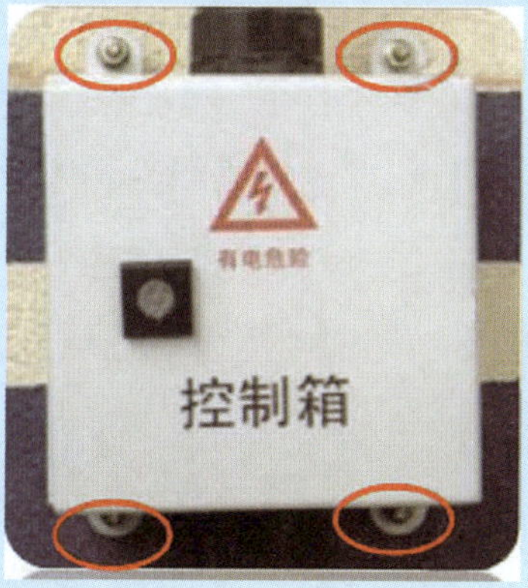 有电危险 控制箱	

续表

序号	图片	操作步骤
5		
6	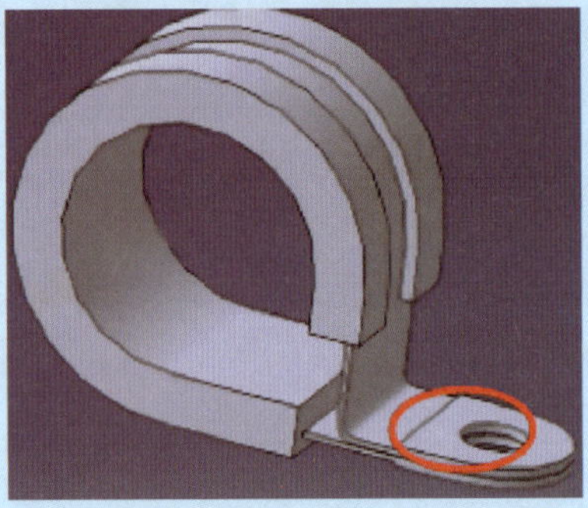	
7	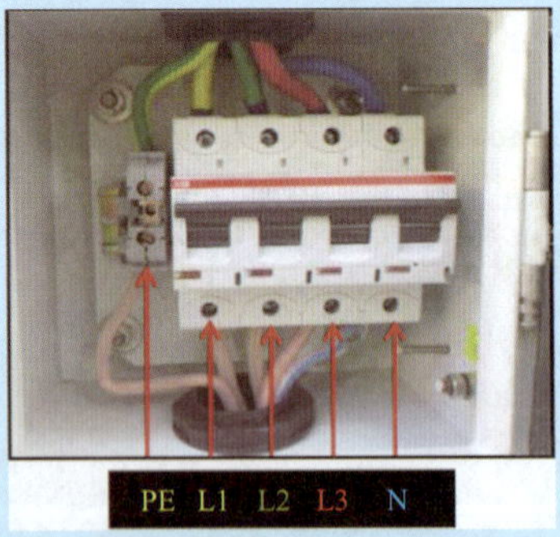	
8		

续表

序号	图片	操作步骤
9		
10		
11		
12		

续表

序号	图片	操作步骤
13		

五、检验与评估

1. 小组互评

小组选派代表进行成果展示，其余小组根据展示和阐述进行评价，并记录评价结果。

序号	评价标准	评价结果
1	任务目标制定是否合理	
2	任务过程表述是否清晰	
3	任务结果是否符合实际情况	
4	任务计划是否切实、有效执行	
5	任务体会是否深刻	
综合评价		

2. 组内互评

每个成员对组员的表现进行打分，并填写下表。

组长：________________　　组号：________________

序号	1	2	3	4	5	6
姓名						
分工						
评价						

注：评价采用 5 分制。

3. 自我反思和评价

根据个人在课堂上的实际表现，填写下表。

自我反思	
自我评价	

六、实训考核

考核标准表

项目	评分标准	分值	得分
工作任务接收	能正确接收并理解工作任务及要求	10	
资料收集	熟知交流充电装置的类型、结构、安装步骤及使用方法	10	
计划制订	能按规范作业要求，制订完成任务的计划，写出壁挂式充电盒安装与使用的操作步骤	15	
计划实施	壁挂式充电盒的安装	15	
	壁挂式充电盒的使用	15	
	能使用壁挂式充电盒为电动汽车充电	15	
质量检查	任务完成良好，操作过程规范	10	
评价反馈	能根据自身及组员表现进行客观评价	5	
	能在任务实施过程中发现自身及组员的问题	5	
合计		100	

课题二 | 直流充电装置的使用

学习目标

1. 熟悉直流充电装置的作用和结构。
2. 熟悉直流充电装置的使用方法。
3. 能使用直流充电装置为车辆进行充电。

任务描述：

某客户新购买了一辆比亚迪纯电动汽车，可是客户不知道该如何给车辆快速充电，故到4S店询问维修人员。经维修人员小张检查发现该车型装有直流充电口，可以通过直流充电桩为车辆快速充电。想一想，小张该如何为客户进行介绍和演示呢？

任务分析：

该车型装配有直流充电接口，客户可以利用直流充电装置为车辆进行快速充电。直流充电模式实质上为应急充电模式，其目的是在短时间内给电动汽车充电。从使用层面来说，并不建议用户经常使用直流充电模式为汽车进行充电，而且直流充电模式仅适用于部分新能源车型。

相关理论

一、直流充电装置的特点和结构

直流充电装置即直流充电桩，是固定安装在电动汽车外，与交流电网连接，采用直流充电模式为电动汽车蓄电池总成进行充电的供电装置。直流充电模式是指以充电桩输出的可控直流电源直接对动力蓄电池总成进行充电的模式。

直流充电桩的输入电压采用三相四线AC（380±15%）V，频率为50 Hz，输出为

可调直流电，可以直接为电动汽车的动力蓄电池充电。因为采用三相四线制供电，可以提供足够的功率，输出的电压和电流调整范围大，可以实现快速充电的要求，所以，直流充电桩又被称为“快充”。

直流充电桩与立柱式充电桩（交流充电装置）都属于非车载充电装置（即地面充电装置）。

1. 直流充电的特点

直流充电桩采用脉冲快速充电，其最大优点是使充电时间大为缩短，且可增加一定的电池容量，提高电池的启动性能。快速充电的电流电压较高，短时间内对电池的冲击较大，容易使电池的活性物质脱落且使电池发热，对电池的保护及散热方面有更高的要求。并不是每款车型都可进行快速充电，长期快速充电将缩短电池的使用寿命。

2. 直流充电桩的特点

（1）具备通过 CAN 网络与 BMS（电池管理系统）通信的功能，以此来判断电池类型，获得动力蓄电池系统参数，以及充电前和充电过程中动力蓄电池的状态参数。与充电站后台监控系统通信，上传充电桩与动力蓄电池的工作状态、工作参数、故障报警等信息，并接受监控系统的控制命令，执行遥控动作。

（2）能够判断充电连接器、充电电缆是否正确连接。当充电连接器与电动汽车蓄电池系统正确连接后，充电器才允许启动充电过程；当充电连接器检测到与电动汽车蓄电池系统的连接不正常时，能立即停止充电，并发出报警信息。

（3）能够为电动汽车提供低压辅助电源，在充电过程中为电动汽车 BMS 供电。

（4）具有高效、高可靠性、便于维护、灵活扩容、节能环保等优点。

（5）采用数字化均流技术，均流性能稳定，即使脱离管理模块也能稳定工作并自主均流。

（6）采用模块化架构，可适应 10～200 kW 的不同功率需求。

（7）具有动态优化的功率管理模块，适应在各种功率输出状态下的最大效率输出。

（8）具有输出电压、电流调节范围宽的特点，能满足不同类型蓄电池组端电压的充电要求。

（9）具有电源过温、输入侧过压 / 欠压保护、输出侧过流 / 过压保护、欠压告警、过流及短路保护、过温保护等安全防护功能。

（10）整流模块采用 ARM 处理器作为控制核心，具有很高的灵活性和一致性。

（11）采用高频变压器，体积小、功率密度高。

（12）采用 IGBT（绝缘栅双极型晶体管）配套最新的驱动技术，稳定性高。

（13）具备宽电压输入范围，以及宽工作温度范围。

（14）具有友好的人机界面，能动态显示电压、电流以及故障信息。

3. 直流充电桩的结构及原理

（1）直流充电桩的结构

直流充电桩采用分体式结构，主要由整流柜、充电桩、整流柜与充电桩之间的连接电缆、充电桩与电动汽车之间的连接电缆及充电连接器等组成。整流柜由整流模块和充电主控制系统组成，由充电桩完成与用户之间的人机交互功能，并实现对电动汽车充电的管理、计费和相应的电池状态检测等功能。

直流充电桩的主体结构如图 1-2-1 所示，主要由急停按钮、触摸显示屏、读卡器、充电指示灯、充电枪插头等组成。直流充电桩的内部结构如图 1-2-2 所示，主要由主控制板、AC/DC 模块、模块监控器、绝缘监测板、通风口等组成。

（2）直流充电桩的工作原理

直流充电桩的工作原理如图 1-2-3 所示，通过整流将交流电变为直流电，再通过 DC/DC 变换器来调整电压、电流输出，实现对电动汽车动力蓄电池充电。监控单元实现显示功能及保护电路的控制。

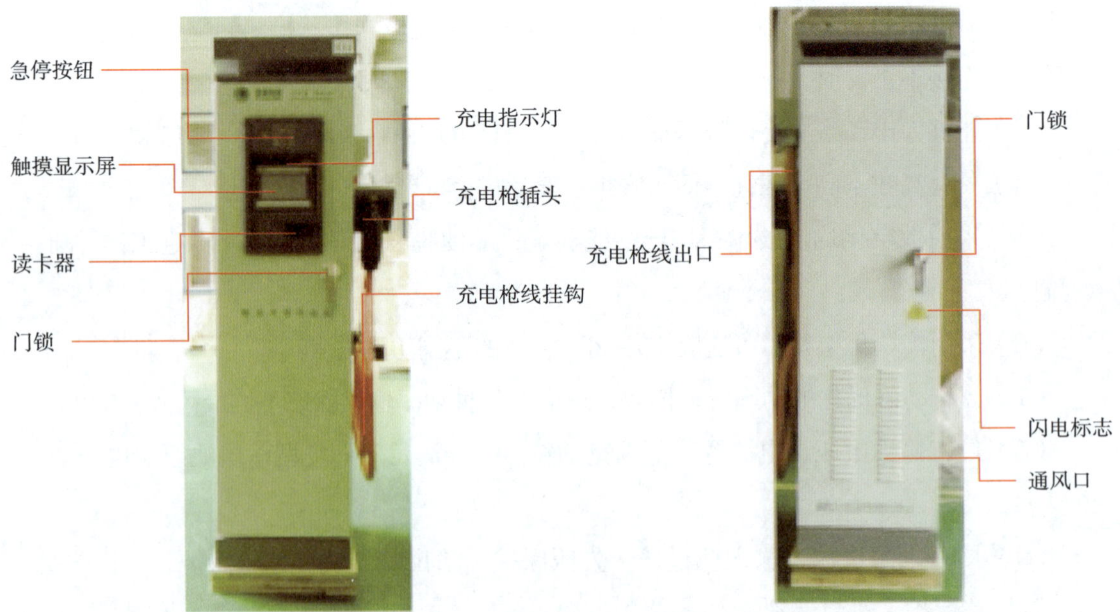

图 1-2-1　直流充电桩的主体结构

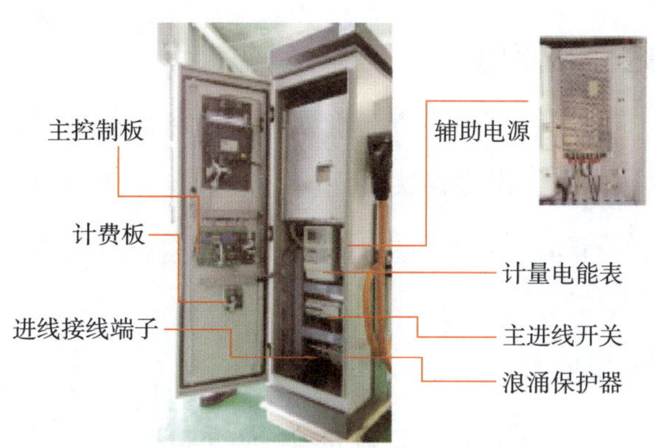

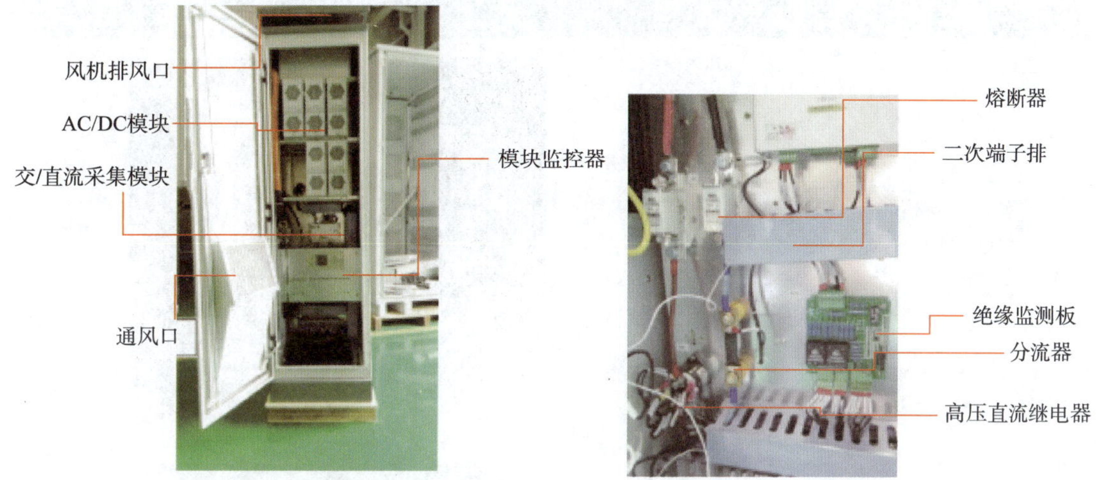

图 1-2-2 直流充电桩的内部结构

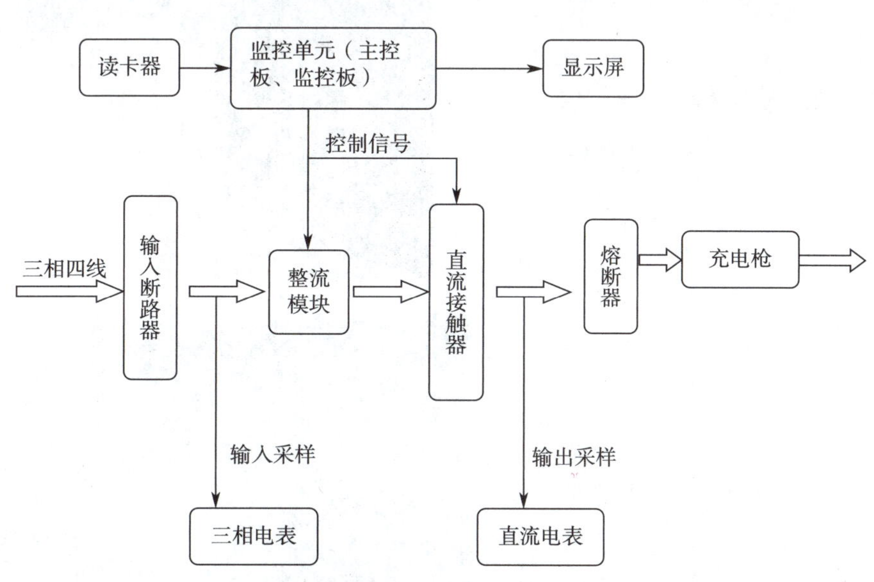

图 1-2-3 直流充电桩的工作原理

二、直流充电桩的使用

进行车辆充电前应进行基础检查，确认充电设备没有生锈、破损现象，以及车辆插头、电缆、控制盒、电线、供电插头表面没有破损等异常情况，有异常情况不得进行充电。当供电插头或车辆插头很脏或潮湿时，应用干燥、清洁的抹布擦拭插头，确保充电插头干净。

直流充电桩的使用见表 1-2-1。

表 1-2-1　　直流充电桩的使用

操作步骤	图片
1. 将车辆置于OFF挡，打开充电口防护盖，确保充电口干净、整洁	
2. 将直流充电枪插入车辆插座中	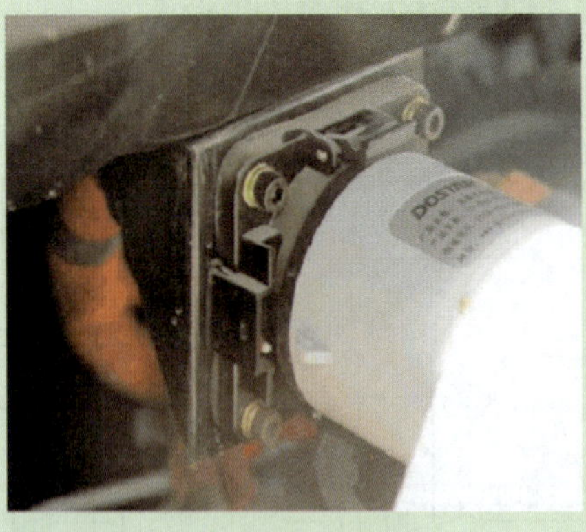
3. 刷充电卡后，进入充电桩液晶显示操作页面（有密码的充电卡需先输入密码）	

续表

操作步骤	图片
3. 刷充电卡后，进入充电桩液晶显示操作页面（有密码的充电卡需先输入密码）	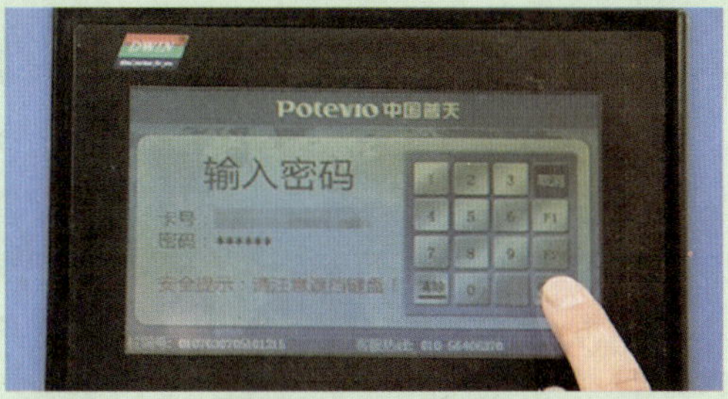
4. 选择“充电”选项	
5. 点击“确认”按钮后，系统开始启动充电程序	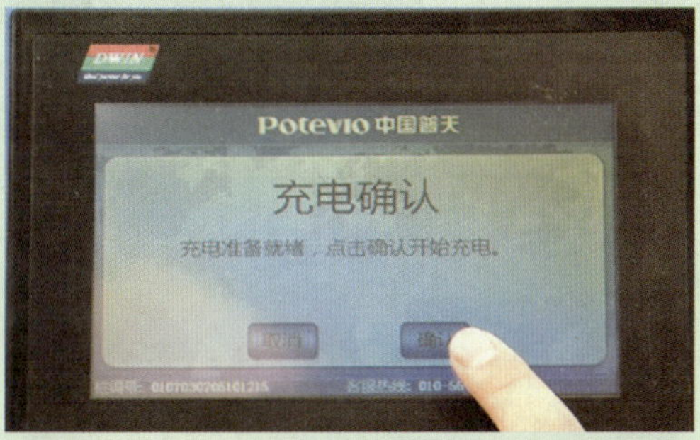 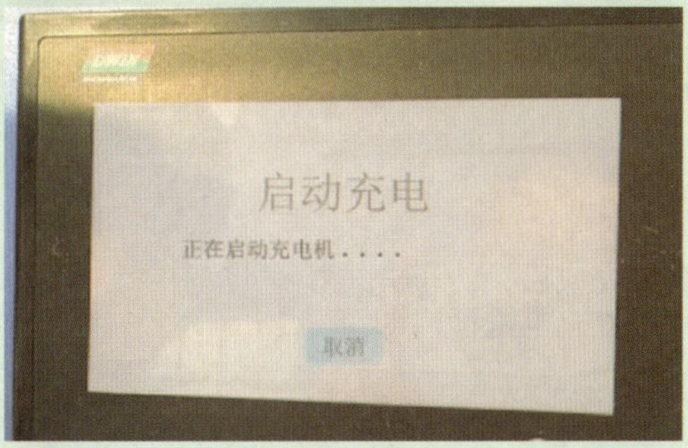
6. 充电开始后，界面显示充电相关信息	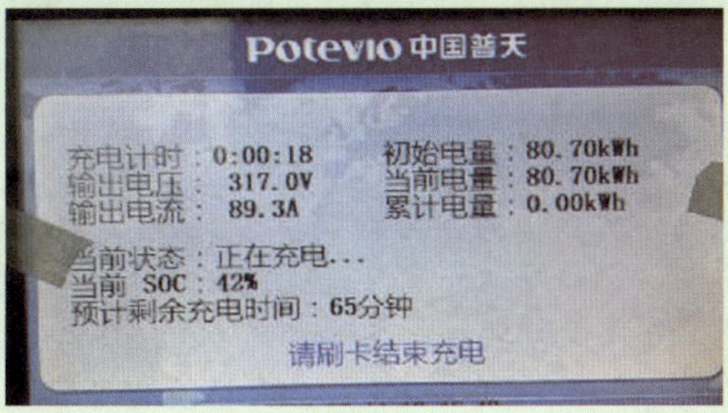

续表

操作步骤	图片
7. 充电结束后重新刷充电卡进行结算，刷卡后自动跳转到“停止充电”页面	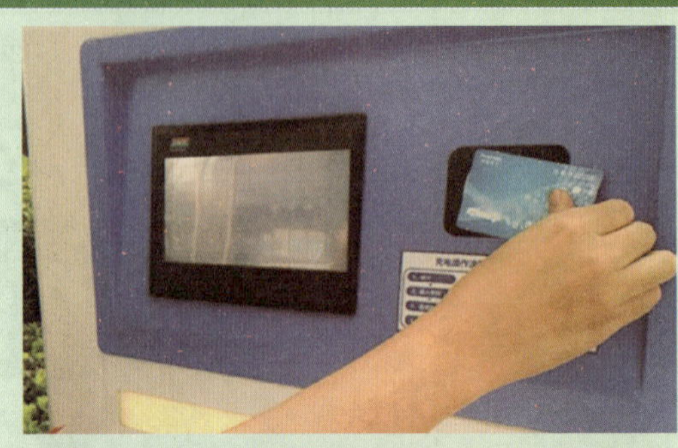 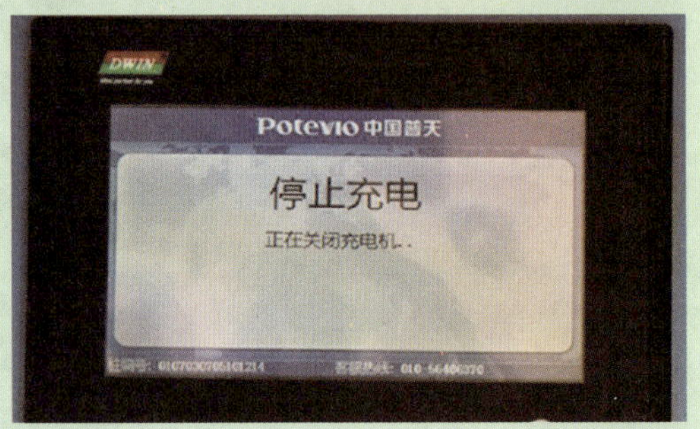
8. 出现结算信息界面，点击“确定”按钮	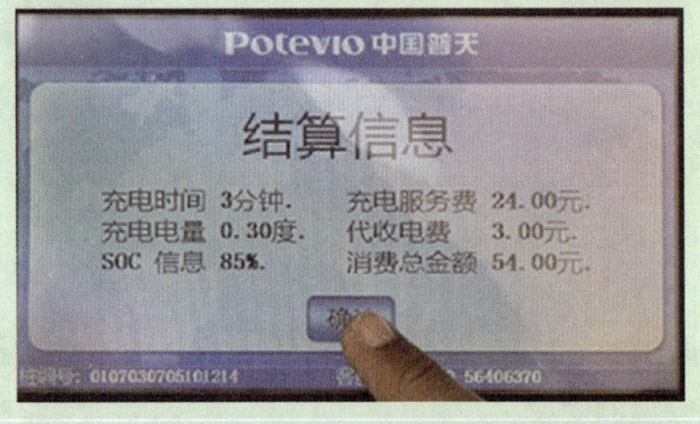
9. 充电完成后，拔下充电枪，将其放回直流充电枪插口即可	

注意：
（1）直流充电桩必须接地良好，如果充电设备出现故障或者损坏，接地线可提供最小阻抗电路放电，从而减小触电的危险。设备应装有设备接地点与供电插头接地点相连的接地线，插头必须与安装正确且接地良好的电源插座互配
（2）整车未解锁时，不能强行开启车辆插座的舱盖
（3）停止充电时，应先断开充电设备的车辆插头，再断开电源端供电插头

直流充电桩的日常使用需进行例行检查，检查项目见表 1-2-2。

表 1-2-2　直流充电桩的例行检查项目

序号	检查项目	序号	检查项目
1	检查充电桩连接电缆是否正常	11	检查充电桩各存储数据是否正常
2	检查充电桩固定螺母是否缺失或松动	12	检查充电桩各种历史告警数据、故障数据是否存在异常
3	检查充电桩各高低压电路有无异常	13	检查计量、计费功能是否正常、精准
4	检查充电桩各种安全标识是否正常	14	检查充电桩指示灯功能是否正常
5	检查充电桩机体有无明显晃动	15	检查充电桩各种告警、保护功能是否正常
6	检查充电桩显示屏是否完好	16	检查充电桩各种通信功能是否正常
7	检查充电桩接插件有无裂痕	17	检查后台管理软件的各种管理功能是否正常
8	检查充电枪是否完好	18	检查各种结算数据是否正确
9	检查充电场所地网是否可靠，各充电桩接地是否可靠，接地连续性电阻值是否小于 0.1 Ω	19	检查充电场所的各种安防措施是否正常
10	检查充电桩各种充电功能是否正常		

思考与练习

1. 直流充电桩的主体结构主要包括哪几个部分？
2. 简述直流充电的特点。
3. 简述直流充电桩的特点。

知识链接

一、电动汽车电池的充电过程

电动汽车电池的充电过程通常可分为预充电、快速充电、补足充电和涓流充电。

1. 预充电

对长期不用的汽车或给新电池充电时，若一开始采用快速充电，通常会影响电池的使用寿命。因此，应先用小电流充电，使其满足一定的充电条件，这个阶段称为预充电。

2. 快速充电

快速充电是指用大电流充电，迅速恢复电池电能，其充放电倍率一般在 1 C 以上，快充时间由电池额定容量和充放电倍率决定。快速充电可分为恒流充电和脉冲充电两种，恒流充电是以恒定电流对电池进行充电；脉冲充电则是先用脉冲电流对电池充电，然后让电池放电，如此循环完成充电。

注：充放电倍率 = 充放电电流 / 额定容量。例如，额定容量为 100 Ah 的电池，用 20 A 的电流放电时，其放电倍率为 0.2 C，放电时间为 5 h；用 50 A 的电流放电时，其放电倍率为 0.5 C，放电时间为 2 h；用 100 A 的电流放电时，其放电倍率为 1 C，放电时间为 1 h。可以看出，放电倍率越大，放电速度越快。同样，充电时亦然。充放电倍率为 1 C 时，称为 1 C 充放电；充放电倍率为 0.5 C 时，称为 0.5 C 充放电；充放电倍率为 0.2 C 时，称为 0.2 C 充放电。

3. 补足充电

采用某些快速充电方法时，快速充电终止后，电池其实并未充满电。为了保证充入 100% 的电量，还应加入补足充电过程。补足充电率一般不超过 0.3 C。

4. 涓流充电

在补足充电过程中，温度会继续上升，当温度超过规定的极限时，充电器转入涓流充电状态。为保证电池不过充，可以采用定时控制、电压控制和温度控制的综合控制法。

二、电动汽车的充电方法

在电池电压较低的时候，控制电流以一个较为恒定的电流充电。当电池电压达到一定高度接近充满的时候，又要保障电池电压以一定的速度缓慢上升，保证电池能够充满。综上，电动汽车电池的充电方法主要有恒流充电、恒压充电和脉冲充电三种，可根据具体情况选择一种充电方法或几种方法的组合。现代智能型蓄电池充电器可设置不同的充电方法。

1. 恒流充电

恒流充电是指在充电过程中使充电电流保持不变的方法。恒流充电具有较大的适应性，容易将蓄电池完全充满，有益于延长蓄电池的使用寿命。缺点是在充电过程中，需

要根据逐渐升高的蓄电池电动势调节充电电压，以保持电流不变，充电时间较长。

恒流充电是一种标准的充电方法，有以下四种充电方法：

（1）涓流充电，即维持电池的满充电状态，恰好能抵消电池自放电的一种充电方法，其充电率对满充电的电池长期充电无害，但对完全放电的电池充电时电流太小。

（2）最小电流充电，是为使深度放电的电池有效恢复电池容量，把充电电流尽可能地调整到最小的方法。

（3）标准充电，即采用标准速率充电，充电时间为 14 h。

（4）高速率（快速）充电，即在 3 h 内给蓄电池充满电的方法，这种充电方法需要自动控制电路保护电池不被损坏。

2. 恒压充电

恒压充电是指充电过程中保持充电电压不变的充电方法，充电电流随蓄电池电动势的升高而减小。合理的充电电压，应在蓄电池即将充足时使其充电电流趋于 0。如果电压过高会造成充电初期充电电流过大和过充电，如果电压过低则会使蓄电池充电不足。充电初期若充电电流过大，则应适当调低充电电压，待蓄电池电动势升高后再将充电电压调整到规定值。

恒压充电的优点是充电时间短，充电过程无须调整电压，适用于补充充电。缺点是不容易将蓄电池完全充满，充电初期的大电流对极板会有不利影响。

3. 脉冲充电

脉冲充电是指先用脉冲电流对电池充电，然后让电池短时间、大脉冲放电，在整个充电过程中使电池反复充、放电。

技能实训 2　直流充电装置的使用

技能实训	直流充电装置的使用	日期		成绩	
学生姓名		学号		班级	

一、实训目标

1. 了解直流充电装置的基本结构。
2. 掌握直流充电装置的使用方法。
3. 能使用直流充电桩为车辆进行充电。

二、实训器材

查阅相关资料，写出下列实训器材的名称及用途。

外形	名称	用途
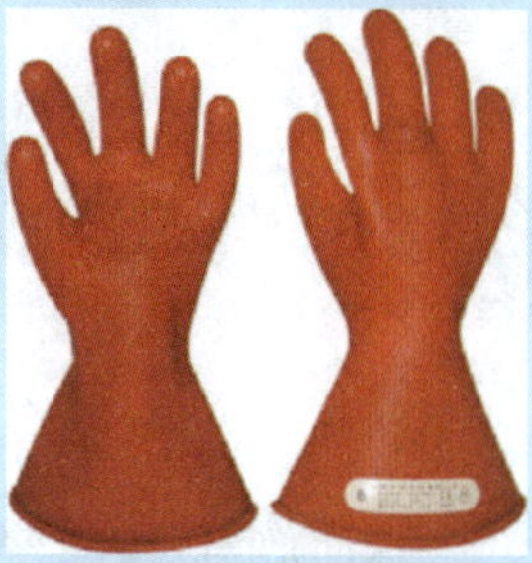		

续表

外形	名称	用途

三、知识准备

通过相关知识的学习，将横线处填写完整。

1. 直流充电的特点

直流充电采用__________充电，其最大优点是使______________大为缩短，且可增加一定的电池容量，提高电池的__________。快速充电的电流电压______，短时间内对电池的冲击________，容易使电池的__________脱落且使电池______。因此，对电池的______________方面有更高的要求。

2. 直流充电桩的结构

直流充电桩的主体结构主要由___________、___________、读卡器、____________、____________等组成。直流充电桩的内部结构主要由主控制板、____________、____________、____________、____________等组成。

3. 直流充电桩的工作原理

直流充电桩的工作原理是通过________将________变为________，再通过 DC/DC 变换器来调整________、________输出，实现对电动汽车动力蓄电池充电。

四、实训内容及步骤

1. 作业前准备

准备作业工具及设备，检查工作场地和设备设施是否清洁，是否存在安全隐患，如不正常应汇报给实训教师。

检查项目	检查内容
安全防护用品	
作业工具	
实训设备设施	
辅助资料	

2. 直流充电桩的使用流程

编写直流充电桩的使用流程，填写下表。

序号	使用流程

3. 小组分工

分工	组员	分工	组员
操作员		记录员	
监护员		展示员	

4. 安全注意事项

查阅相关资料，填写下表。

序号	注意事项

续表

序号	注意事项

5. 直流充电桩的使用

通过相关知识的学习，填写下表。

序号	图片	操作步骤
1		
2		
3		

续表

序号	图片	操作步骤
3	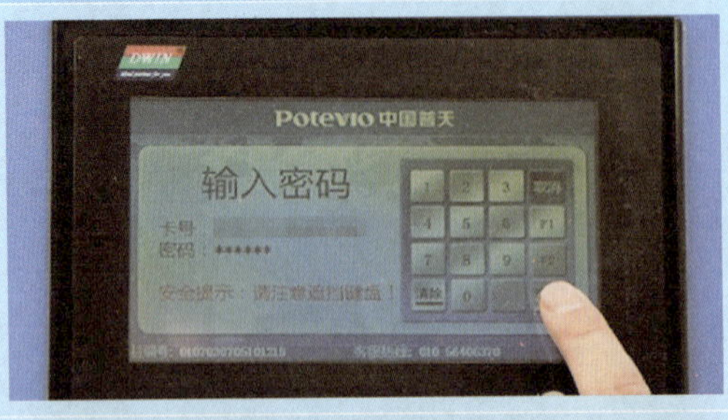	
4		
5	 	
6	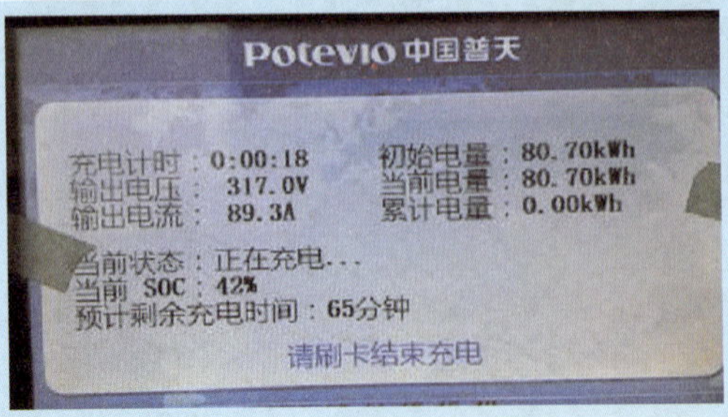	

续表

序号	图片	操作步骤
7		
8		
9	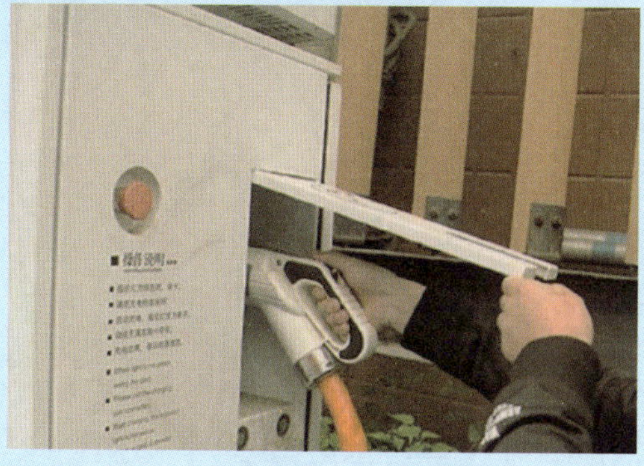	

五、检验与评估

1. 小组互评

小组选派代表进行成果展示，其余小组根据展示和阐述进行评价，并记录评价结果。

序号	评价标准	评价结果
1	任务目标制定是否合理	
2	任务过程表述是否清晰	
3	任务结果是否符合实际情况	
4	任务计划是否切实、有效执行	
5	任务体会是否深刻	
综合评价		

2. 组内互评

每个成员对组员的表现进行打分，并填写下表。

组长：________________　　　组号：________________

序号	1	2	3	4	5	6
姓名						
分工						
评价						

注：评价采用 5 分制。

3. 自我反思和评价

根据个人在课堂上的实际表现，填写下表。

自我反思	
自我评价	

六、实训考核

考核标准表

项目	评分标准	分值	得分
工作任务接收	能正确接收并理解工作任务及要求	10	
资料收集	熟知直流充电的特点、直流充电桩的结构及工作原理	10	
计划制订	能按规范作业要求，制订完成任务的计划，写出直流充电桩的使用步骤	15	
计划实施	直流充电桩的使用	25	
	能使用支流充电桩为电动汽车充电	20	
质量检查	任务完成良好，操作过程规范	10	
评价反馈	能根据自身及组员表现进行客观评价	5	
	能在任务实施过程中发现自身及组员的问题	5	
合计		100	

模块二 新能源汽车充电系统的检修

课题一 交流充电系统的检修

学习目标

1. 掌握交流充电系统的组成。
2. 了解交流充电系统的工作过程。
3. 能对交流充电系统线束进行检修。
4. 能对车载充电机进行检修。

●任务描述：

某客户的北汽新能源纯电动汽车在进行充电时，发现车辆不能正常充电，故客户将车辆开到4S店进行诊断与维修。维修人员小张确认故障信息后，发现该车装有交流充电系统，车辆连接充电系统后显示未进行充电。想一想，小张该如何进行该车的故障检测与维修呢？

●任务分析：

该车型只提供交流充电系统，客户只能利用交流充电桩或车载充电机进行充电。交流充电是指通过传导的方式，按照一定的充电模式，将交流电源调整为校准的电压或电流，为汽车动力蓄电池等储能装置提供电能。交流充电线束连接交流充电接口与车载充电机，将交流充电桩输入的 220 V 交流电输送给车载充电机。

相关理论

一、交流充电系统的组成与工作过程

1. 交流充电系统的组成

在交流充电模式下，充电系统主要由供电设备（充电桩）、交流充电接口、车载充电机、高压控制盒、动力蓄电池、整车控制器（VCU）、交流充电系统高压线束和低压线束等组成，如图 2-1-1 所示。

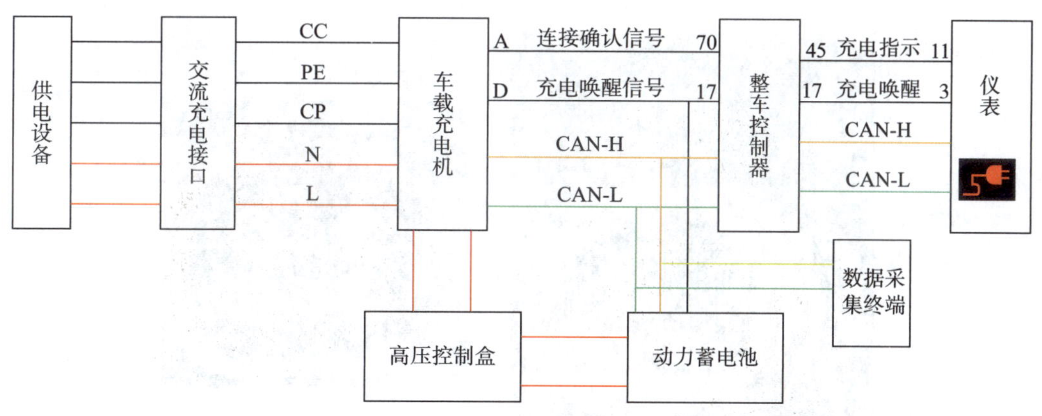

图 2-1-1 交流充电系统的组成

（1）交流充电系统高压线束

交流充电系统高压线束主要包括交流充电线束、动力蓄电池高压线束和高压附件线束等。以北汽 EC180 车型为例，交流充电系统高压线束及其布置方式如图 2-1-2 所示。

交流充电线束用于连接交流充电接口与车载充电机，如图 2-1-3 所示。车载充电机接口端子的含义见表 2-1-1。

动力蓄电池高压线束用于连接动力蓄电池与高压控制盒，如图 2-1-4 所示。其接口端子的含义见表 2-1-2。

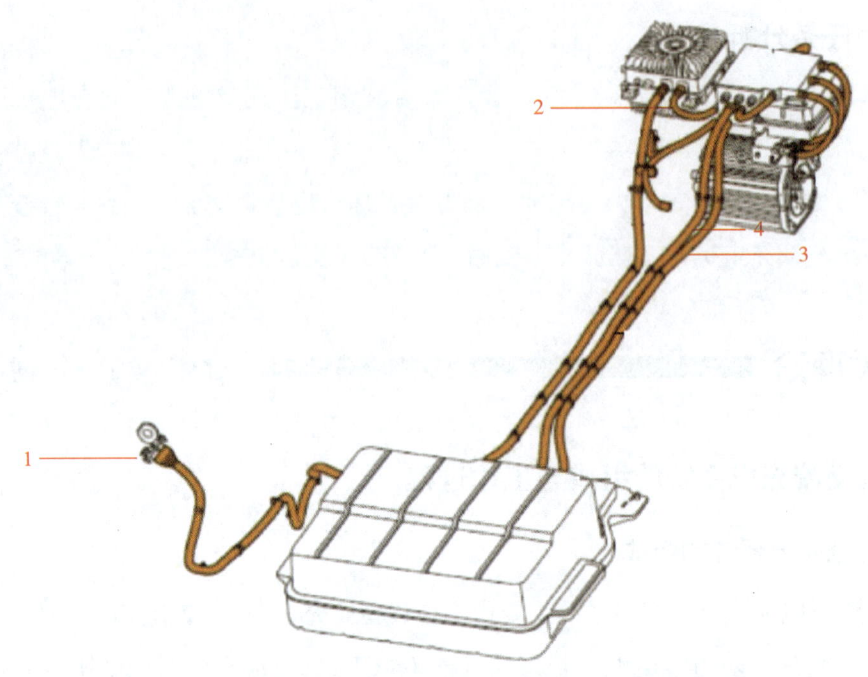

图 2-1-2　交流充电系统高压线束及其布置方式

1—交流充电线束　2—车载电源高压线束　3—动力蓄电池正极线束　4—动力蓄电池负极线束

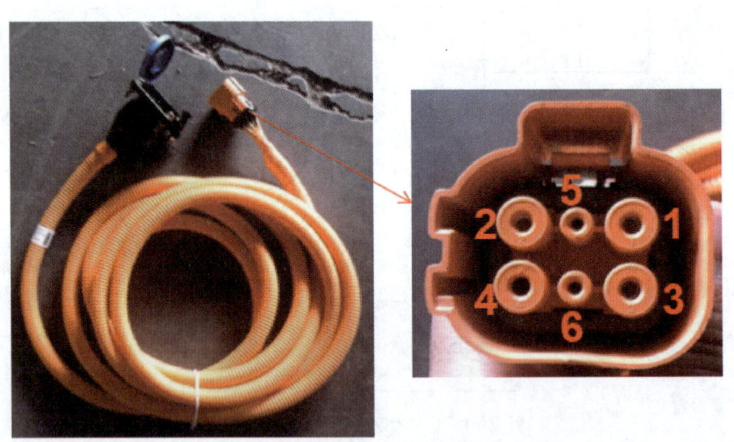

图 2-1-3　交流充电线束

1—1 脚　2—2 脚　3—3 脚　4—4 脚　5—5 脚　6—6 脚

表 2-1-1　车载充电机接口端子的含义

接口端子	含义	接口端子	含义
1 脚	L（交流电源）	4 脚	空
2 脚	N（交流电源）	5 脚	CC（充电连接确认）
3 脚	PE [车身地（搭铁）]	6 脚	CP（控制确认线）

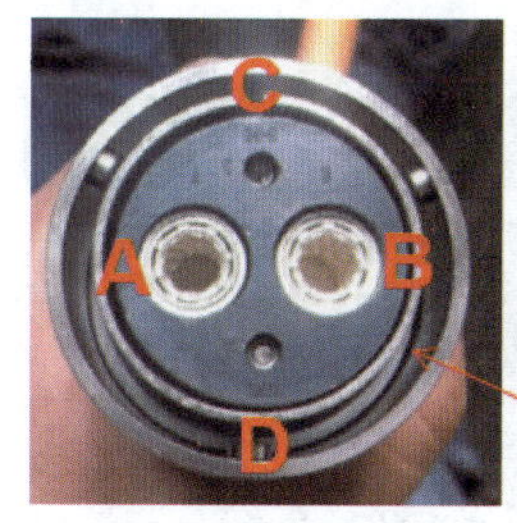

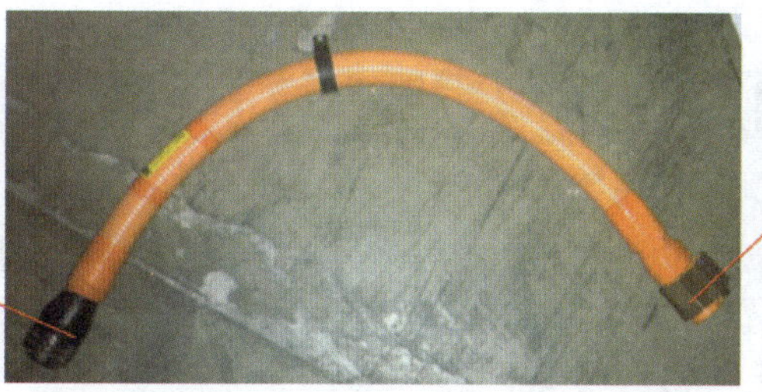

图 2-1-4　动力蓄电池高压线束

A、B、C、D—接动力蓄电池端接口端子

1—接高压控制盒端 1 脚　2—接高压控制盒端 2 脚　3—接高压控制盒端中间位

表 2-1-2　　动力蓄电池高压线束接口端子的含义

接口端子	含义	接口端子	含义
A	电源负极	1 脚	电源负极
B	电源正极	2 脚	电源正极
C	互锁线短接	中间位	互锁端子
D	互锁线短接		

高压附件线束（也称高压线束总成）用于连接高压控制盒与 DC/DC 变换器、车载充电机、空调压缩机、空调 PTC，如图 2-1-5 所示。车载充电机端子和高压控制盒端子的含义见表 2-1-3。

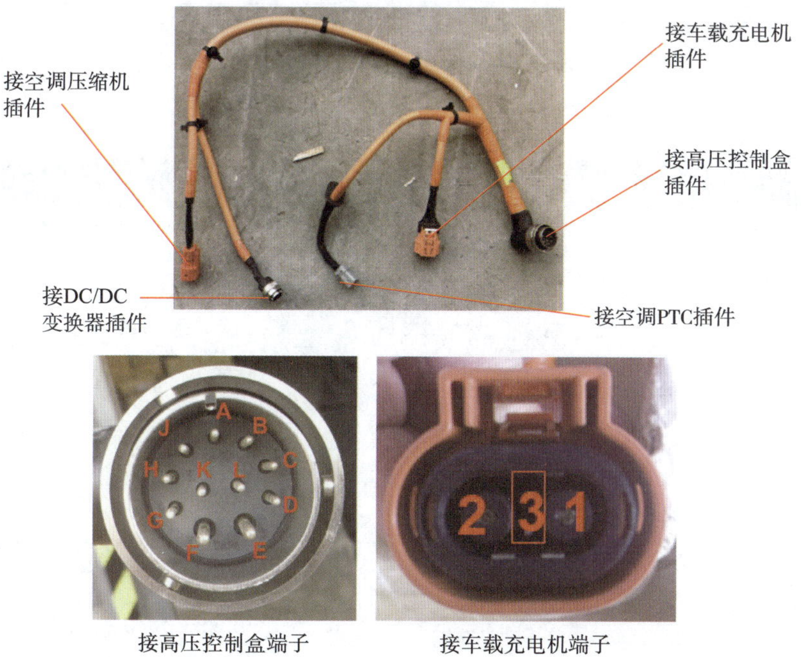

图 2-1-5　高压附件线束

表 2-1-3　高压附件线束接口端子的含义

接口端子	含义	接口端子	含义
A	DC/DC 变换器电源正极	H	压缩机电源负极
B	空调 PTC 电源正极	J	空调 PTC-B 组负极
C	压缩机电源正极	K	空引脚
D	空调 PTC-A 组负极	L	互锁信号线
E	车载充电机电源正极	1	电源负极
F	车载充电机电源负极	2	电源正极
G	DC/DC 变换器电源负极	3	互锁端子

（2）交流充电接口

交流充电接口端子的名称如图 2-1-6 所示，接口端子的功能定义见表 2-1-4。

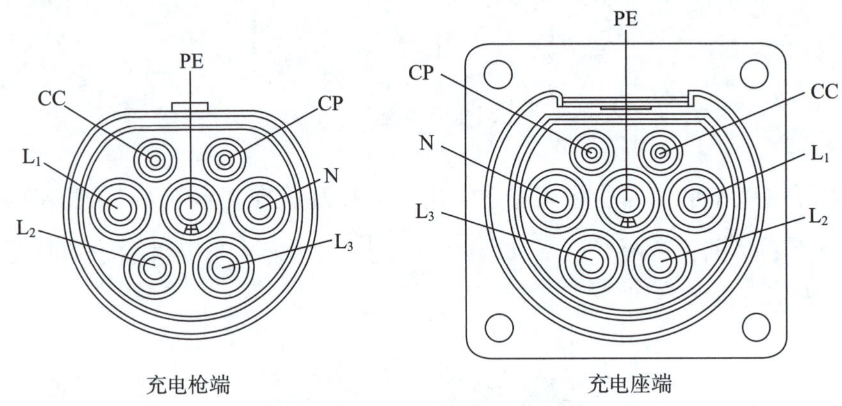

图 2-1-6　交流充电接口端子的名称

表 2-1-4　交流充电接口端子的功能定义

端子标识	额定电压和额定电流	功能定义
L_1	250 V、10 A/16 A/32 A	交流电源（单相）
	440 V、16 A/32 A/63 A	交流电源（三相）
L_2	440 V、16 A/32 A/63 A	交流电源（三相）
L_3	440 V、16 A/32 A/63 A	交流电源（三相）
N	250 V、10 A/16 A/32 A	中线（单相）
	440 V、16 A/32 A/63 A	中线（三相）
PE	—	保护接地（PE），连接供电设备地线与车辆平台
CC	0～30 V、2 A	充电连接确认
CP	0～30 V、2 A	控制导引

（3）车载充电机

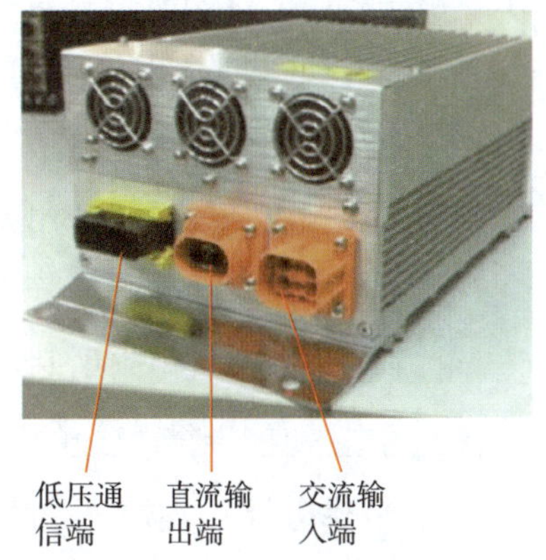

图 2-1-7 车载充电机

电动汽车车载充电机（见图 2-1-7）的主要功能是将交流 220 V 市电转换为高压直流电为动力蓄电池充电，保证车辆正常行驶。同时，车载充电机提供相应的保护功能，如过压、欠压、过流、欠流等，当充电系统出现异常时能及时切断供电。

车载充电机的内部结构可分为三部分，即主电路、控制电路、线束及标准件。

1）主电路：前端将交流电转换为恒定电压的直流电，主要是全桥电路 +PFC（功率因数校正）电路。后端为 DC/DC 变换器，将前端转出的直流高压电转换为合适的电压及电流供给动力蓄电池。

2）控制电路：用于控制 MOS 管（场效应管）的开关，与 BMS（电池管理系统）之间通信，监测车载充电机的状态，与充电桩握手等。

3）线束及标准件：用于主电路及控制电路的连接，固定元器件及电路板。

（4）控制导引电路

电动汽车交流充电系统应具有控制导引电路，以实现以下功能：充电连接状态的判断、充电电缆承载电流的识别、带载切断的安全保护。以交流充电接口标准为例，其典型控制导引电路如图 2-1-8 所示。

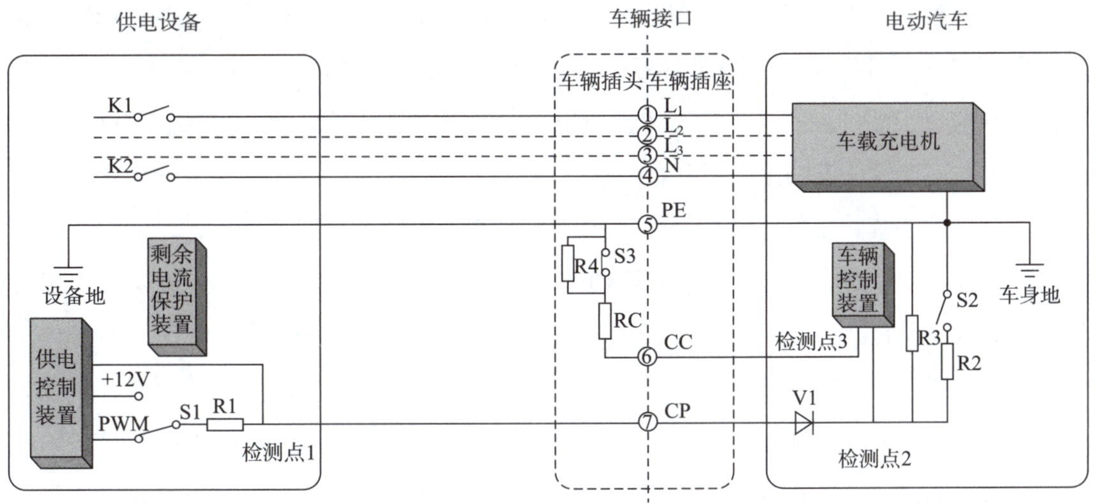

图 2-1-8 交流充电控制导引电路

1）充电连接状态的判断

在交流充电接口的 7 个针脚中，CC 针和 CP 针最短，当 CC 针或 CP 针与对应的插孔导体连接后，说明所有针脚都已连接，可以通过检测点 1、检测点 2 和检测点 3 的电压变化进行判断。供电控制装置可以根据这些电压值判断连接状态，从而控制主回路开关 K1、K2 的闭合或打开。

2）充电电缆承载电流的识别

目前，交流充电连接装置可分为 16 A 和 32 A 两种功率等级。电阻 RC 是充电连接装置的内置电阻，其电阻值与电缆承载电流的大小相匹配。车载充电机可以通过测量检测点 3 的电压值来判断电缆的承载能力，从而确定充电电流的上限。

3）带载切断（误操作）的安全保护

在充电过程中，由于误操作或者意外原因，可能使充电插头在带载时断开，控制导引电路需要降低或避免这种操作带来的危害。其实现原理如下：

开关 S3 设计成与机械锁按钮联动，当机械锁按下时车载充电机可以通过检测点 3 的电压变化来判断充电插头有拔出的趋势，在主回路断开前提前降低或切断电流输出，避免拉弧和其他危害。

CC 针和 CP 针为短针，这两个控制导引针会先于主回路的 L、N 端断开，利用这个时间差，充电桩可以通过测量检测点 1 或检测点 4 的电压变化，车载充电机通过测量检测点 2 和检测点 3 的电压变化来判断充电插头将要断开，在主回路断开前提前降低或切断电流输出，避免拉弧和其他危害。

2. 交流充电系统的工作过程

工作过程：充电枪连接通过车载充电机反馈到整车控制器，再唤醒仪表显示连接状态（负触发）；车载充电机同时唤醒整车控制器和动力蓄电池管理模块（正触发），整车控制器唤醒仪表启动显示充电状态（负触发）；正、负主继电器由整车控制器发出指令，并由动力蓄电池管理模块控制闭合。

交流充电系统的工作过程如图 2-1-9 所示。当充电物理接口连接后，车辆控制装置将通过测量检测点 3 与 PE 之间的电阻值来判断车辆接口是否完全连接，确认完全连接后，车辆接口内的电子锁将在主供电开关 K1、K2 闭合前将车辆接口锁定。充电设施内的供电控制装置将测量检测点 1 或检测点 4 的电压值来判断供电接口是否完全连接，确认完全连接后，供电接口内的电子锁也将在主供电开关 K1、K2 闭合前将供电接口锁定。如锁定失败或不能锁定，充电过程将被终止。此时，车载充电机启动自检，确认系统无故障且储能装置处于可充电状态时，车辆控制装置闭合开关 S2，车辆充电准备就绪。充电设施判断检测点 1 的峰值电压，电压为 6 V 时充电设施准备就绪，供电控制装置闭合主供电开关 K1、K2，交流供电回路导通。至此，电动汽车与充电设施之间的电气连接已经建立。

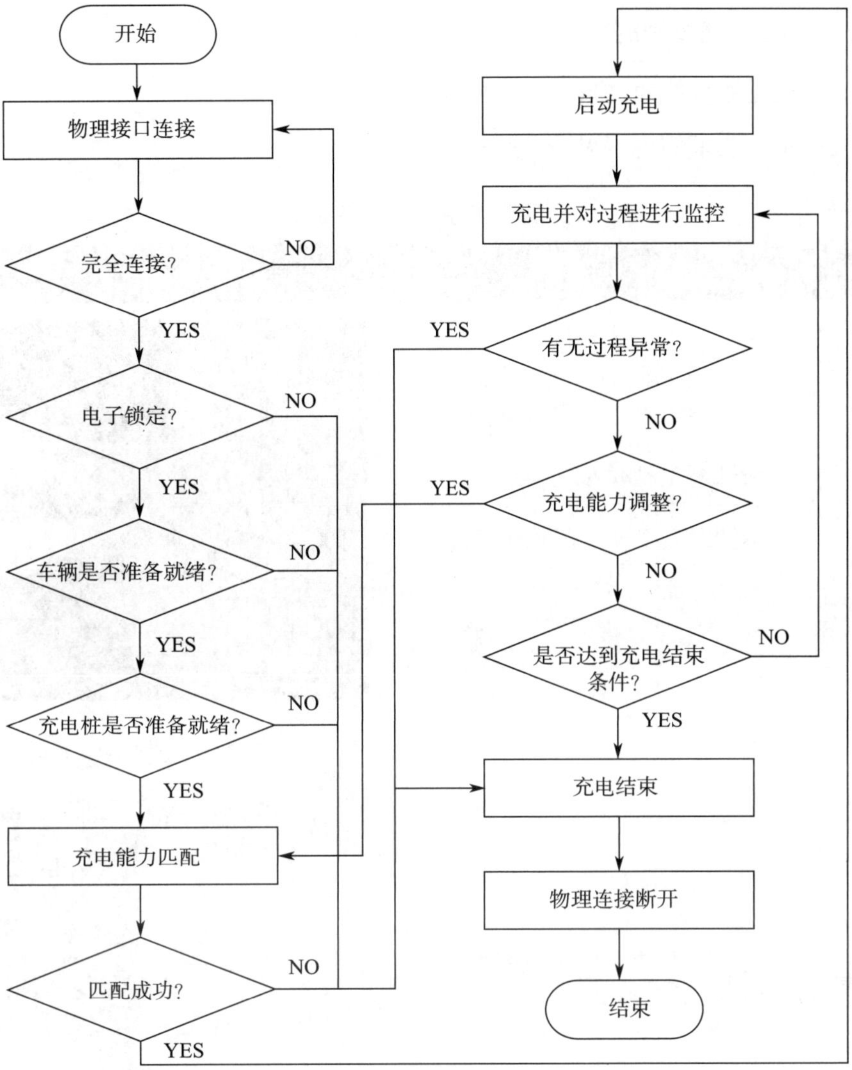

图 2-1-9　交流充电系统的工作过程

二、交流充电系统的检修

1. 准备工作

在对电动汽车进行维修时禁止带电作业，正规的操作流程应按照以下步骤进行：

（1）关闭钥匙开关。

（2）断开辅助蓄电池负极电缆。

（3）使用专用万用表对所维修部位进行电压测量，如测量值大于 0 V，应使用专用放电棒对该部件进行放电，当电压完全消失后方可进行下一步操作。

（4）戴好专用防高压手套。

（5）进行检测与维修作业。

2. 交流充电系统线束的检修

（1）交流充电系统线束的拆装

交流充电系统线束的拆装见表 2-1-5。

表 2-1-5 交流充电系统线束的拆装

步骤名称	操作步骤	图片
拆装交流充电线束	1. 断开蓄电池负极电缆，按照高压安全操作规范进行准备 2. 拆卸锂离子动力蓄电池系统	
	3. 向车尾推动交流充电线束至解锁状态，拔出交流充电线束	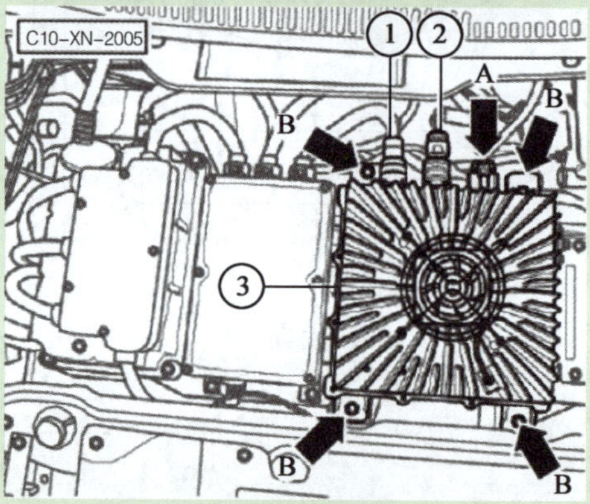 ①—车载充电机高压接插件线束 ②—交流插座充电车辆端接插件线束 ③—DC/OBC 集成控制器　A、B—螺栓
	4. 拆卸车辆底盘高压线束护板	

续表

步骤名称	操作步骤	图片
拆装交流充电线束	5. 脱开交流充电线束固定卡扣（由螺栓 A、B 固定）	①—交流充电线束　A、B—螺栓
	6. 拆下交流充电线束防尘盖板	①—交流充电线束防尘盖板　A、B—螺栓
	7. 拆卸左后轮翼子板内衬	

续表

步骤名称	操作步骤	图片
拆装交流充电线束	8. 拆下交流充电接口	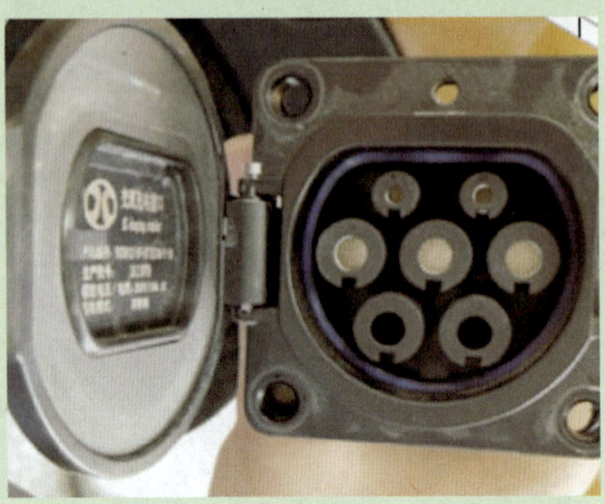
	9. 交流充电线束的安装以倒序进行，按规定力矩装配；安装过程中，应确保高、低压接插件对接到位，无松动	
拆装动力蓄电池高压线束	1. 旋出高压总正和总负接插件，并拔出高压总正接插件①和高压总负接插件②	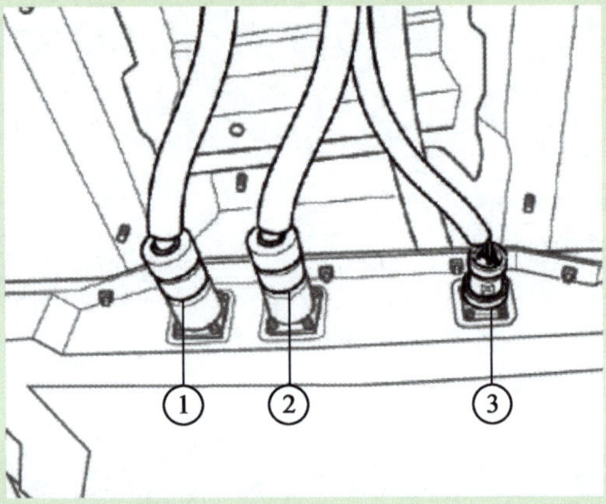 ①—高压总正接插件　②—高压总负接插件　③—低压接插件
	2. 脱开动力蓄电池正极线束固定卡	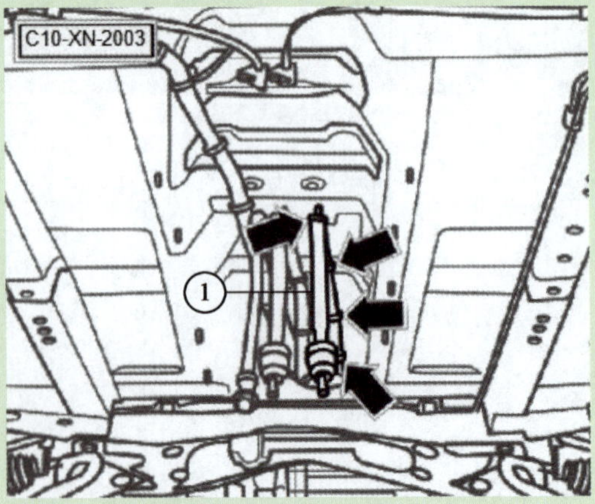 ①—动力蓄电池正极线束固定卡

续表

步骤名称	操作步骤	图片
拆装动力蓄电池高压线束	3. 脱开动力蓄电池负极线束固定卡	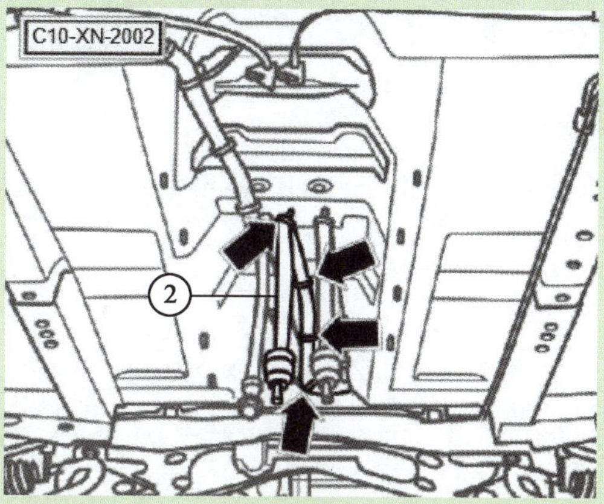 ②—动力蓄电池负极线束固定卡
	4. 旋出固定螺栓组件，取下高压控制盒上盖①	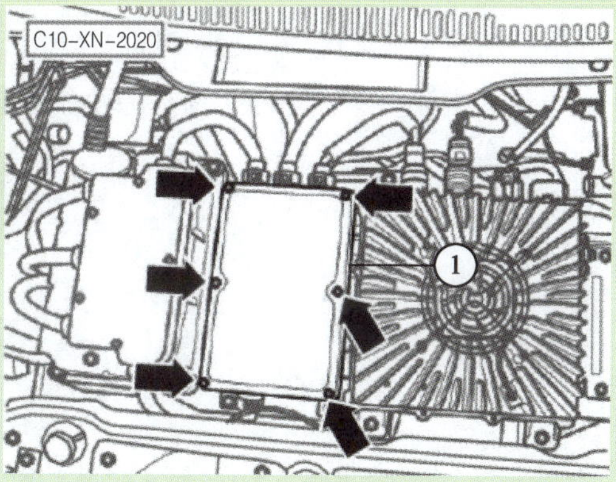 ①—高压控制盒上盖
	5. 脱开动力蓄电池正极线束固定卡	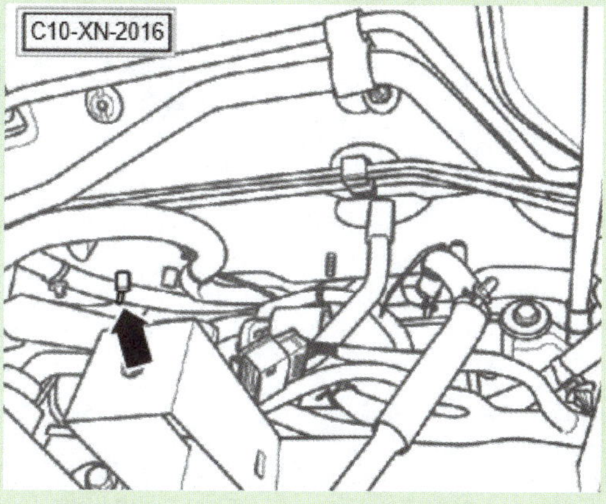

续表

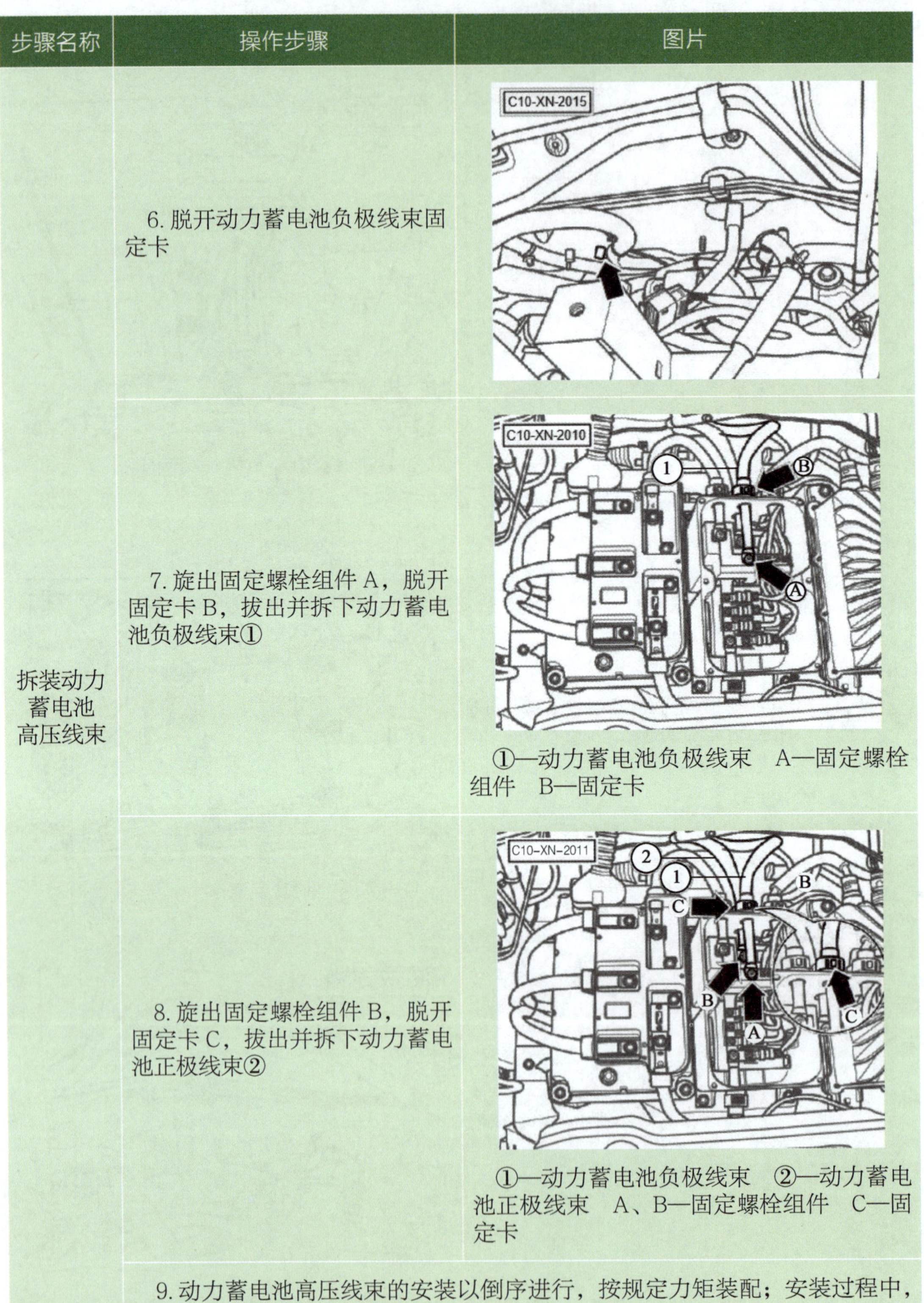

步骤名称	操作步骤	图片
拆装动力蓄电池高压线束	6. 脱开动力蓄电池负极线束固定卡	
	7. 旋出固定螺栓组件 A，脱开固定卡 B，拔出并拆下动力蓄电池负极线束①	①—动力蓄电池负极线束　A—固定螺栓组件　B—固定卡
	8. 旋出固定螺栓组件 B，脱开固定卡 C，拔出并拆下动力蓄电池正极线束②	①—动力蓄电池负极线束　②—动力蓄电池正极线束　A、B—固定螺栓组件　C—固定卡
	9. 动力蓄电池高压线束的安装以倒序进行，按规定力矩装配；安装过程中，应确保高、低压接插件对接到位，无松动	

续表

步骤名称	操作步骤	图片
拆装车载充电机高压线束	1. 逆时针旋转车载充电机高压线束接插件至解锁状态，并拔出车载充电机高压接插件线束①	①—车载充电机高压接插件线束 ②—交流插座充电车辆端接插件线束 ③—DC/OBC 集成控制器　A、B—螺栓
	2. 逆时针旋转车载充电机高压线束接插件②至解锁状态，并拔出车载充电机高压接插件线束①	①—车载充电机高压接插件线束 ②—车载充电机高压线束接插件 A、C—螺栓
	3. 车载充电机高压线束的安装以倒序进行，按规定力矩装配；安装过程中，应确保高、低压接插件对接到位，无松动	

（2）交流充电系统线束的检修

目测检查交流充电系统线束和接插件外观是否有破损、裂痕。在充电过程中线束会产生热量，因此，线束如有破损应及时更换。

1）检查交流充电桩与车辆交流充电口是否连接良好。检查车载充电机，发现有三个指示灯都不亮。分别测量充电桩端充电枪的 N、L、PE、CP、CC 脚与车辆端的 N、L、PE、CP、PE 脚是否导通，如果不导通，则修复或更换交流充电线束总成；测量充电线束车辆端充电枪的 CC 脚与 PE 脚的电阻值，16 A 充电线束的电阻值应为

（680 ± 3%）Ω，32 A 充电线束的电阻值应为（220 ± 3%）Ω，若电阻值与标准值不符，则应修复或更换交流充电线束总成。

2）检查车辆交流充电口与车载充电机是否连接良好。检查接插件端子有无烧蚀、虚接现象；分别测量充电口 L、N、PE、CC、CP 脚与车载充电机接插件 1、2、3、5、6 脚是否导通，如果不导通，则应修复或更换交流充电线束总成。

3）检查车载充电机与高压控制盒是否连接良好。检查高压控制盒 E、F 端子与车载充电机接插件 1、2 脚是否导通，如果不导通，则应修复或更换高压连接线束。

3. 车载充电机的检修

（1）车载充电机的结构

图 2-1-10 所示为《电动汽车用传导式车载充电机》（QCT 895—2011）中的车载充电机充电连接示意图。车载充电机主要由交流输入端口、功率单元、控制单元、低压辅助单元和输出端口等部分组成，充电过程中宜由车载充电机提供电池管理系统（BMS）、充电接触器、仪表盘、冷却系统等低压用电电源。

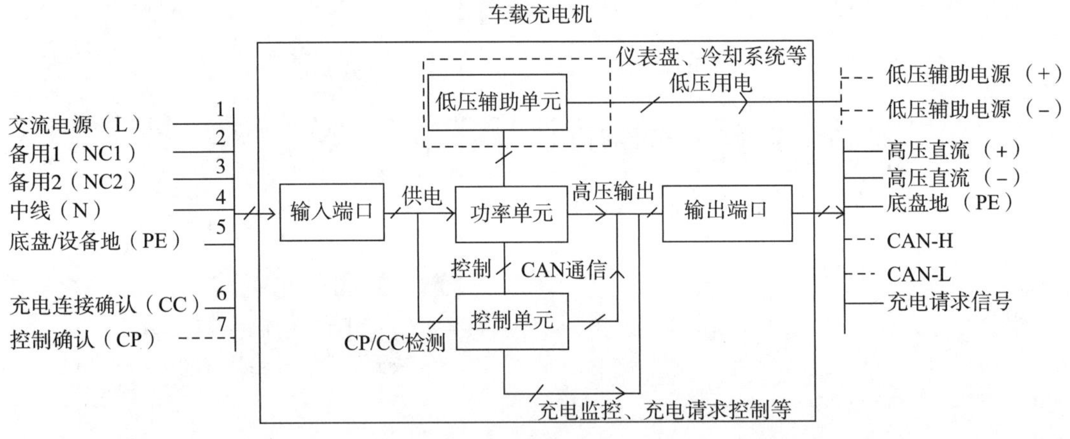

图 2-1-10　车载充电机充电连接示意图

1）输入端口。7 个 pin 口，三类连接，包括高压电源连接、高压中性线、车辆底盘地、低压信号的充电连接确认和控制确认。标准的输入接口采用工频单相输入 220 V 电压。但如果因功率需要，也可以启用两个备用 pin 口（NC1、NC2），可以实现 380 V 输入。

2）功率单元。一般包括输入整流、逆变电路和输出整流三个部分，将输入的工频交流电转化为适合动力蓄电池系统接受的适当电压的直流电。

3）控制单元。采样输出电流和电压，经过处理后将实时值传递给 PID（一种闭环自动控制技术，是比例、积分、微分控制器的简称）控制回路，由控制器比较测量值与期

望值之间的差距，再将调节要求传递给 PWM（脉冲宽度调制）回路，用脉冲宽度变化去控制高压回路中功率器件的开闭时间，最终实现输出电流和电压尽量接近于主控系统要求的数值。

4）低压辅助单元。低压辅助单元是一个标准低压电源，输出电压为 12 V 或者 24 V，用于在充电期间给电动汽车上的用电器件供电，如电池管理系统、热管理系统、汽车仪表等。

5）输出端口。包括低压辅助电源正、负极两个 pin 口，高压充电回路正、负极两个 pin 口，底盘地，通信线 CAN-H 和 CAN-L（还可以有 CAN 屏蔽），充电请求信号线。其中，高压充电回路两个 pin 口与电池包相连；充电请求信号线用于车载充电机的输入端口与外部电源之间完成充电连接确认，通过“充电请求信号”线向车辆控制器发送充电请求信号，同时或延时一小段时间后，用低压辅助电源为整车供电。

（2）车载充电机的拆装

以北汽 EC180 车型为例，车载充电机（OBC）和 DC/DC 变换器模块集成在一起，将原本生产过程需要多次装配的部件进行集成化设计，提高了装配效率和生产效率。DC/OBC 集成控制器的集成化设计将原本大量的高压线束优化，在内部集成体现，提高了高压线束的屏蔽效果、装配便捷性和可靠性。在一些品牌车型上，甚至将车载充电机、DC/DC 变换器、高压控制盒、电机控制器等集成在一起，大大简化了高压线束的使用量。车载充电机的拆装见表 2-1-6。

表 2-1-6　车载充电机的拆装

操作步骤	图片
1. 旋出固定螺栓 A，移开蓄电池充电负极电缆搭铁① 2. 旋出固定螺栓 B，移开蓄电池充电正极电缆②	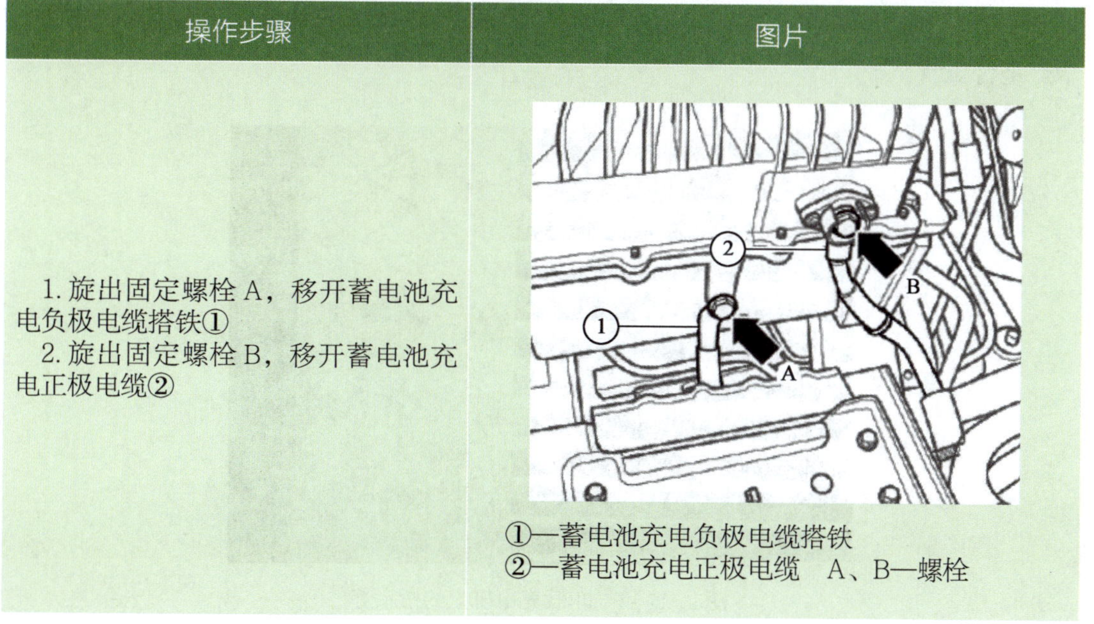 ①—蓄电池充电负极电缆搭铁 ②—蓄电池充电正极电缆　A、B—螺栓

续表

操作步骤	图片
3. 逆时针旋转车载充电机高压线束接插件至解锁状态，并拔出车载充电机高压接插件线束① 4. 向车尾推动交流插座充电车辆端接插件至解锁状态，并拔出交流插座充电车辆端接插件线束② 5. 断开 DC/OBC 集成控制器低压控制连接插头 6. 旋出固定螺栓 B，取下 DC/OBC 集成控制器③	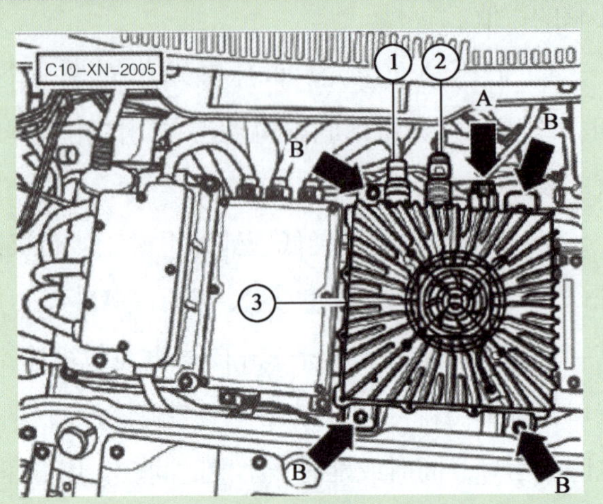 ①—车载充电机高压接插件线束 ②—交流插座充电车辆端接插件线束 ③—DC/OBC 集成控制器　A、B—螺栓
7. 车载充电机的安装以倒序进行，按规定力矩装配；安装过程中，应确保高、低压接插件对接到位，无松动	
注意：更换 DC/OBC 集成控制器后，点火开关置于 N 状态（无须启动车辆），进行 DC/OBC 集成控制器配置，具体配置项目参照诊断仪提示进行操作	

（3）车载充电机的检修

车载充电机上共有三个指示灯，如图 2-1-11 所示。对车辆进行充电时，应检查指示灯是否正常。

图 2-1-11　车载充电机上的指示灯

POWER 灯：电源指示灯，当接通交流电后该指示灯点亮。

RUN 灯：充电指示灯，当车载充电机接通电池进入充电状态后，该指示灯点亮。

FAULT 灯：报警指示灯，当车载充电机内部有故障时，该指示灯点亮。

当充电正常时，POWER 灯和 RUN 灯点亮；当启动半分钟后 POWER 灯仍然点亮时，有可能为电池无充电请求或已充满；当 FAULT 灯点亮时，说明充电系统出现异常。

当三个灯都不亮时，表示没有电源输入，应检查充电桩、充电线束及接插件是否正常，若正常，应更换车载充电机。检查车载充电机的 12 V 电源及交流充电唤醒信号是否正常，高压控制盒内的车载充电机熔断器是否损坏，动力蓄电池 12 V 唤醒信号是否正常。车载充电机正负极绝缘电阻的检测见表 2-1-7。

表 2-1-7　　车载充电机正负极绝缘电阻的检测

检测步骤	车载充电机绝缘电阻值
1. 将辅助蓄电池负极断开 2. 拔掉 8 芯插头 3. 将兆欧表黑表笔接于车身，红表笔逐个测量 8 芯插头的 B（正极）和 H（负极）	在环境温度为（23±2）℃和相对湿度为 45%～75% 时，车载充电机正负极输出与车身（外壳）之间的绝缘电阻≥1 000 MΩ 在环境温度为（23±2）℃和相对湿度为 90%～95% 时，车载充电机正负极输出与车身（外壳）之间的绝缘电阻≥20 MΩ

该车更换车载充电机后，车辆充电正常，故障排除。

思考与练习

1. 交流充电系统主要由哪几部分组成？

2. 车载充电机的作用是什么？

3. 简述交流充电系统的工作过程。

技能实训 3　车载充电机的拆装与检测

技能实训	车载充电机的拆装与检测	日期		成绩	
学生姓名		学号		班级	

一、实训目标

1. 了解车载充电机的组成及工作原理。
2. 掌握车载充电机的检测步骤。
3. 能拆装车载充电机。
4. 能检测车载充电机。

二、实训器材

查阅相关资料，写出下列实训器材的名称及用途。

外形	名称	用途
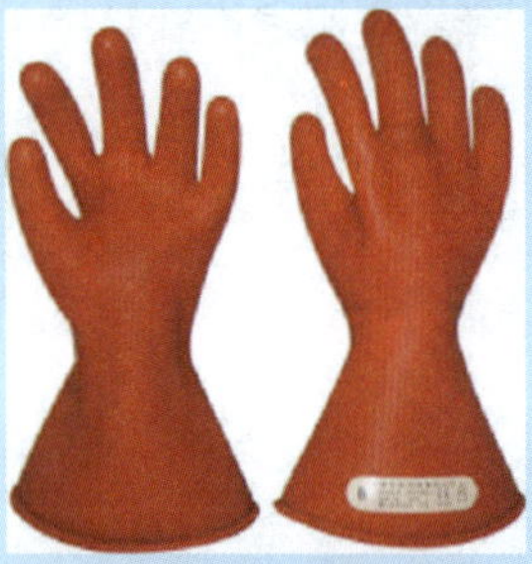		

续表

外形	名称	用途

三、知识准备

1. 车载充电机的结构组成

通过相关知识的学习，将横线处填写完整。

车载充电机主要由__________、________、控制单元、_________和输出端口等部分组成。

2. 车载充电机指示灯的含义

通过相关知识的学习，填写下表。

序号	指示灯	名称	含义
1	POWER 灯		
2	RUN 灯		
3	FAULT 灯		

四、实训内容及步骤

1. 作业前准备

准备作业工具及设备，检查工作场地和设备设施是否清洁，是否存在安全隐患，如不正常应汇报给实训教师。

检查项目	检查内容
安全防护用品	
作业工具	
实训设备设施	
辅助资料	

2. 车载充电机的拆装与检测流程

编写车载充电机的拆装与检测流程，填写下表。

序号	拆装与检测流程

3. 小组分工

分工	组员	分工	组员
操作员		记录员	
监护员		展示员	

4. 安全注意事项

查阅相关资料，填写下表。

序号	注意事项

5. 车载充电机的拆装与检测

通过相关知识的学习，填写下表。

序号	图片	操作步骤
1		
2	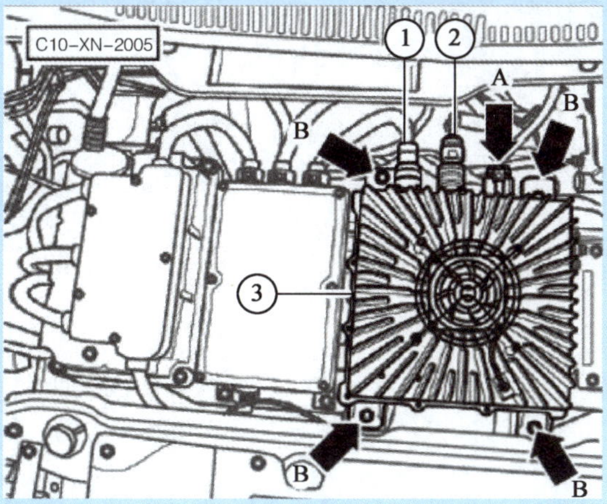	
3		将辅助蓄电池负极断开

续表

序号	图片	操作步骤
4		拔掉 8 芯插头
5		将兆欧表黑表笔接于车身，红表笔逐个测量 8 芯插头的 B（正极）和 H（负极）
6	安装：	

五、检验与评估

1. 小组互评

小组选派代表进行成果展示，其余小组根据展示和阐述进行评价，并记录评价结果。

序号	评价标准	评价结果
1	任务目标制定是否合理	
2	任务过程表述是否清晰	
3	任务结果是否符合实际情况	
4	任务计划是否切实、有效执行	
5	任务体会是否深刻	
综合评价		

2. 组内互评

每个成员对组员的表现进行打分，并填写下表。

组长：________　　组号：________

序号	1	2	3	4	5	6
姓名						
分工						
评价						

注：评价采用 5 分制。

3. 自我反思和评价

根据个人在课堂上的实际表现，填写下表。

自我反思	
自我评价	

六、实训考核

考核标准表

项目	评分标准	分值	得分
工作任务接收	能正确接收并理解工作任务及要求	10	
资料收集	熟知车载充电机的组成、工作原理、拆装与检测方法	10	
计划制订	能按规范作业要求，制订完成任务的计划，写出车载充电机的拆装与检测步骤	15	
计划实施	车载充电机的拆卸	15	
	车载充电机的检测	15	
	车载充电机的安装	15	
质量检查	任务完成良好，操作过程规范	10	
评价反馈	能根据自身及组员表现进行客观评价	5	
	能在任务实施过程中发现自身及组员的问题	5	
合计		100	

课题二 | 直流充电系统的检修

学习目标

1. 掌握直流充电系统的组成。
2. 了解直流充电系统的工作过程。
3. 能对直流充电系统线束进行检修。
4. 能对高压控制盒进行检修。

任务描述：

某客户的比亚迪 e5 纯电动汽车在进行充电时，发现车辆不能进行直流充电，该客户将车辆开到 4S 店进行诊断与维修。维修人员小张确认故障信息后，发现该车同时装配有交流充电系统和直流充电系统，车辆连接直流充电桩后系统显示未进行充电，连接交流充电桩时系统充电正常。想一想，小张该如何进行该车的故障检测与维修呢？

任务分析：

该车型提供交流充电系统和直流充电系统，客户可以用直流或交流充电设施进行充电。直流充电是指利用专业的直流充电桩将电网的交流电逆变成为直流电，当直流充电枪与新能源汽车直流充电口对接后，经过通信匹配后，输出电动汽车动力蓄电池所需的电压、电流，为动力蓄电池充电。

相关理论

一、直流充电系统的组成与工作过程

1. 直流充电系统的组成

在直流充电模式下，充电系统主要由供电设备（充电桩）、直流充电接口、高压控制

盒、动力蓄电池、整车控制器（VCU）、直流充电系统高压线束和低压线束等组成，如图 2-2-1 所示。

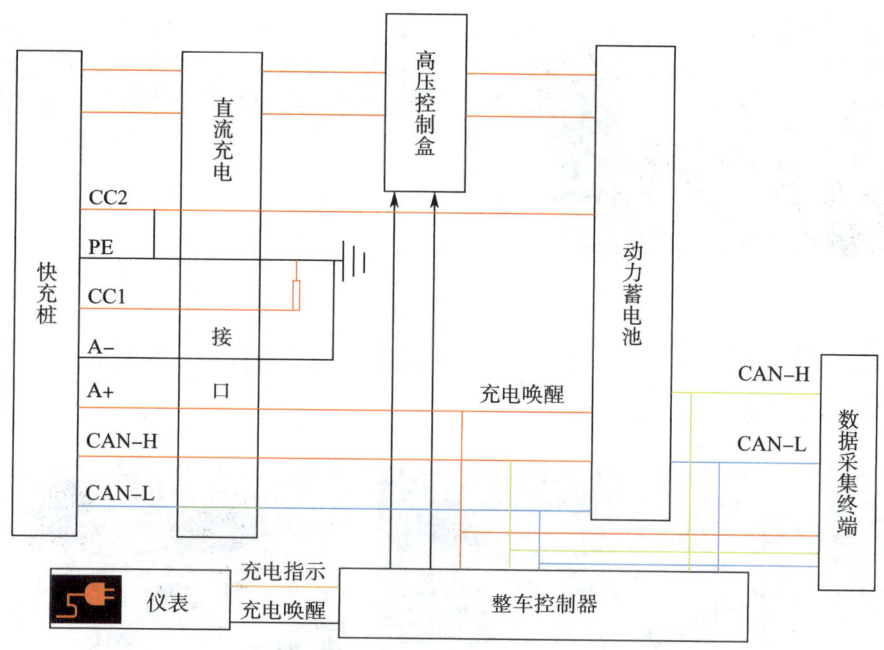

图 2-2-1 直流充电系统的组成

（1）直流充电系统高压线束

直流充电系统高压线束主要包括动力蓄电池高压线束、直流充电线束、高压附件线束等。以比亚迪 e5 车型为例，直流充电系统高压线束及其布置方式如图 2-2-2 所示。

图 2-2-2 直流充电系统高压线束及其布置方式

1—DC+、DC- 线束 2—PE 线（连接车身搭铁） 3—低压接插件 4—动力蓄电池正、负极线束

直流充电线束用于连接直流充电接口与高压控制盒，如图 2-2-3 所示。直流充电线束接口端子的含义见表 2-2-1。

图 2-2-3 直流充电线束

表 2-2-1 直流充电线束接口端子的含义

接口端子	含义
1 脚	DC+
2 脚	DC-
3 脚	互锁端子

直流充电线束低压线束用于连接直流充电接口与电池管理器，如图 2-2-4 所示，低压线束接插件接口端子的含义见表 2-2-2。

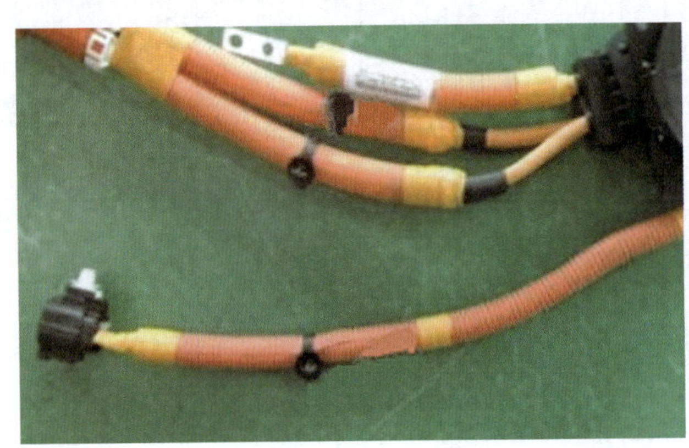

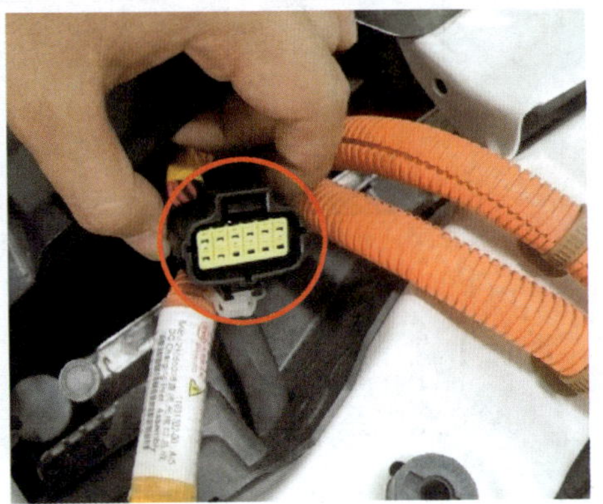

图 2-2-4 直流充电线束低压线束及接插件

表 2-2-2 直流充电线束低压线束接插件接口端子的含义

接口端子	含义
1 脚	接地点
2 脚	低压辅助电源正
3 脚	直流充电感应信号
4 脚	充电网 CAN-L
5 脚	充电网 CAN-H
6 脚	空引脚
7 脚	充电枪温度信号 1
8 脚	充电枪温度信号 1 地

注：有 2 个空引脚。

（2）直流充电接口

直流充电接口端子的名称如图 2-2-5 所示，接口端子的功能定义见表 2-2-3。

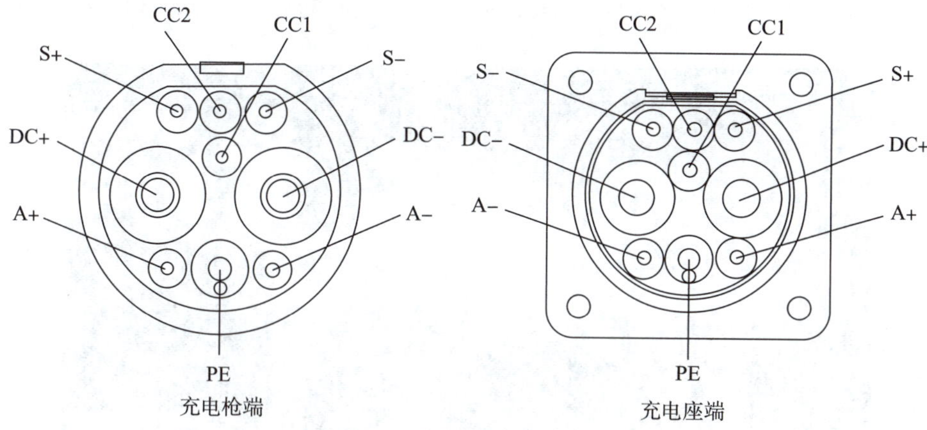

图 2-2-5　直流充电接口端子的名称

表 2-2-3　直流充电接口端子的功能定义

端子标识	额定电压和额定电流	功能定义
DC+	750 V/1 000 V、80 A/125 A/200 A/250 A	直流电源正极，连接直流电源正极与电池正极
DC-	750 V/1 000 V、80 A/125 A/200 A/250 A	直流电源负极，连接直流电源负极与电池负极
PE	—	保护接地（PE），连接供电设备地线与车辆地线
S+	0～30 V、2 A	充电通信 CAN-H，连接非车载充电机与电动汽车的通信线
S-	0～30 V、2 A	充电通信 CAN-L，连接非车载充电机与电动汽车的通信线
CC1	0～30 V、2 A	充电连接确认 1
CC2	0～30 V、2 A	充电连接确认 2
A+	0～30 V、20 A	低压辅助电源正极，连接非车载充电机，为电动汽车提供低压辅助电源
A-	0～30 V、20 A	低压辅助电源负极，连接非车载充电机，为电动汽车提供低压辅助电源

（3）高压控制盒

高压控制盒将由快充线束输入的高压直流电经过动力蓄电池高压线束输送到动力蓄电池，同时完成动力蓄电池电源的输出及分配，实现对支路用电器件的保护及切断。

以比亚迪 e5 汽车为例，该功能整合在高压电控总成中。高压电控总成又称“四合一”（具有四种功能），是由双向交流逆变式电机控制器（VTOG）、高压配电箱和漏电传感器模块、车载充电机及预充电容、DC/DC 变换器组成的一个整体，如图 2-2-6 所示。

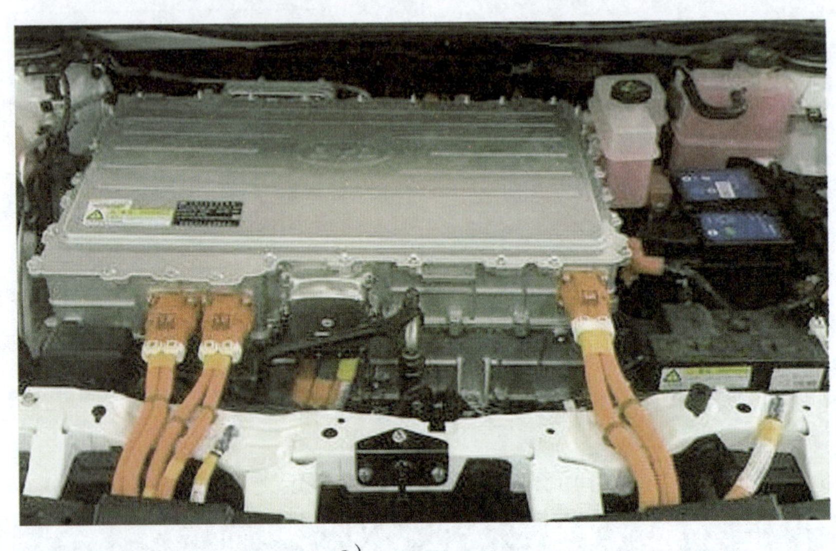

a）

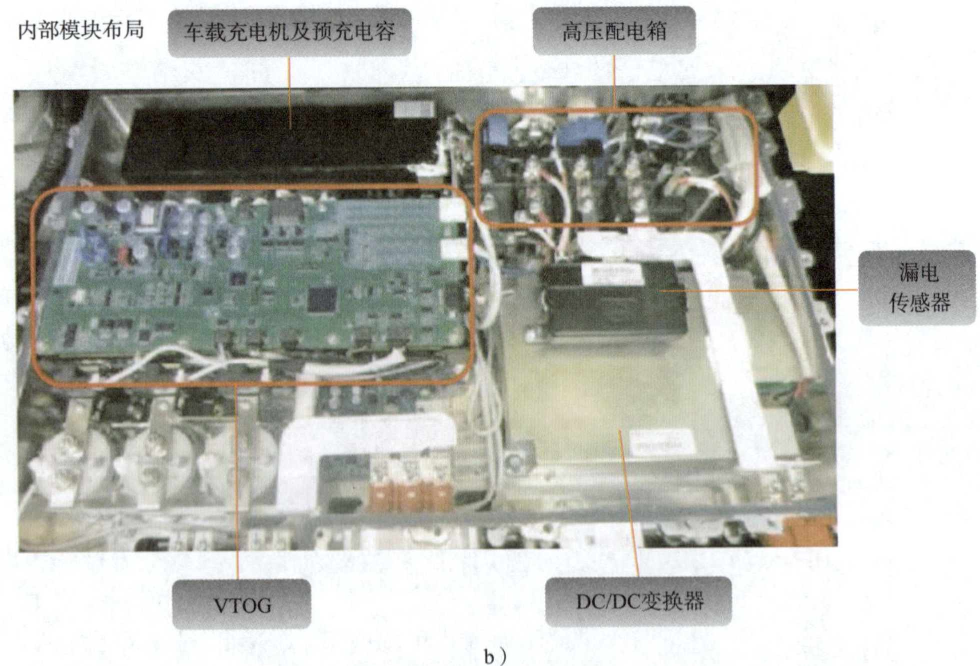

b）

图 2-2-6　比亚迪 e5 汽车的高压电控总成

a）外观图　b）内部结构图

其主要功能如下：

1）控制高压交直流电双向逆变，驱动电机运转，实现充、放电功能（由 VTOG 和

车载充电机实现）。

2）实现将高压直流电转化为低压直流电，为整车低压电器系统供电（由 DC/DC 变换器实现）。

3）实现整车高压回路配电功能，以及高压漏电检测功能（由高压配电箱和漏电传感器模块实现）。

4）实现 CAN 通信、故障处理记录、在线 CAN 读写以及自检等功能（由漏电传感器等实现）。

（4）控制导引电路

电动汽车直流充电系统应具有控制导引电路，以实现以下功能：充电连接状态的判断、充电电缆承载电流的识别、带载切断的安全保护。以直流充电接口标准为例，其典型控制导引电路如图 2-2-7 所示。

图 2-2-7 中，K1、K2 为充电桩高压正、负继电器；K3、K4 为充电桩低压唤醒正、负继电器，其供电输出给整车控制器（VCU）；K5、K6 为电池高压正、负继电器；检测点 1 即 CC1，为充电桩检测直流充电插头与车辆连接状态识别信号；检测点 2 即 CC2，为整车控制器（VCU）检测直流充电插头与车辆连接状态识别信号。

当 CC1、CC2 两个检测点检测到的电压值符合要求后，即认为充电桩与车辆可靠连接，K3、K4 继电器闭合，充电桩输出 12 V 低压唤醒电源到整车控制器（VCU），两者进行身份辨认，握手成功之后，VCU 报送动力蓄电池的充电需求，充电桩报送供电能力，两者匹配，VCU 和 BMS 控制 K5、K6 闭合，充电桩控制 K1、K2 闭合，即进入充电阶段，VCU 发送充电请求及充电状态报文，充电桩反馈车载充电机状态报文。当车辆及充电桩判定充电结束之后，断开 K1、K2、K5、K6，充电截止，断开 K3、K4，充电完成。

2. 直流充电系统的工作过程

直流充电系统的工作过程包括四个阶段，分别是连接确认阶段、充电确认阶段、充电阶段和充电结束阶段。

（1）连接确认阶段

将直流充电枪插入车辆直流充电口，通过直流充电口的 CC1 信号判断充电插头与车辆是否连接，而车辆根据 CC2 信号进行判断。只有当车辆端和充电桩端都判定充电枪已连接，才能判断为充电连接确认无误。

（2）充电确认阶段

直流充电枪与车身直流充电口连接后，辅助电源上电，BMS 接收唤醒信号后进入充电准备状态，与直流充电桩进行数据通信，判断是否能进行充电。

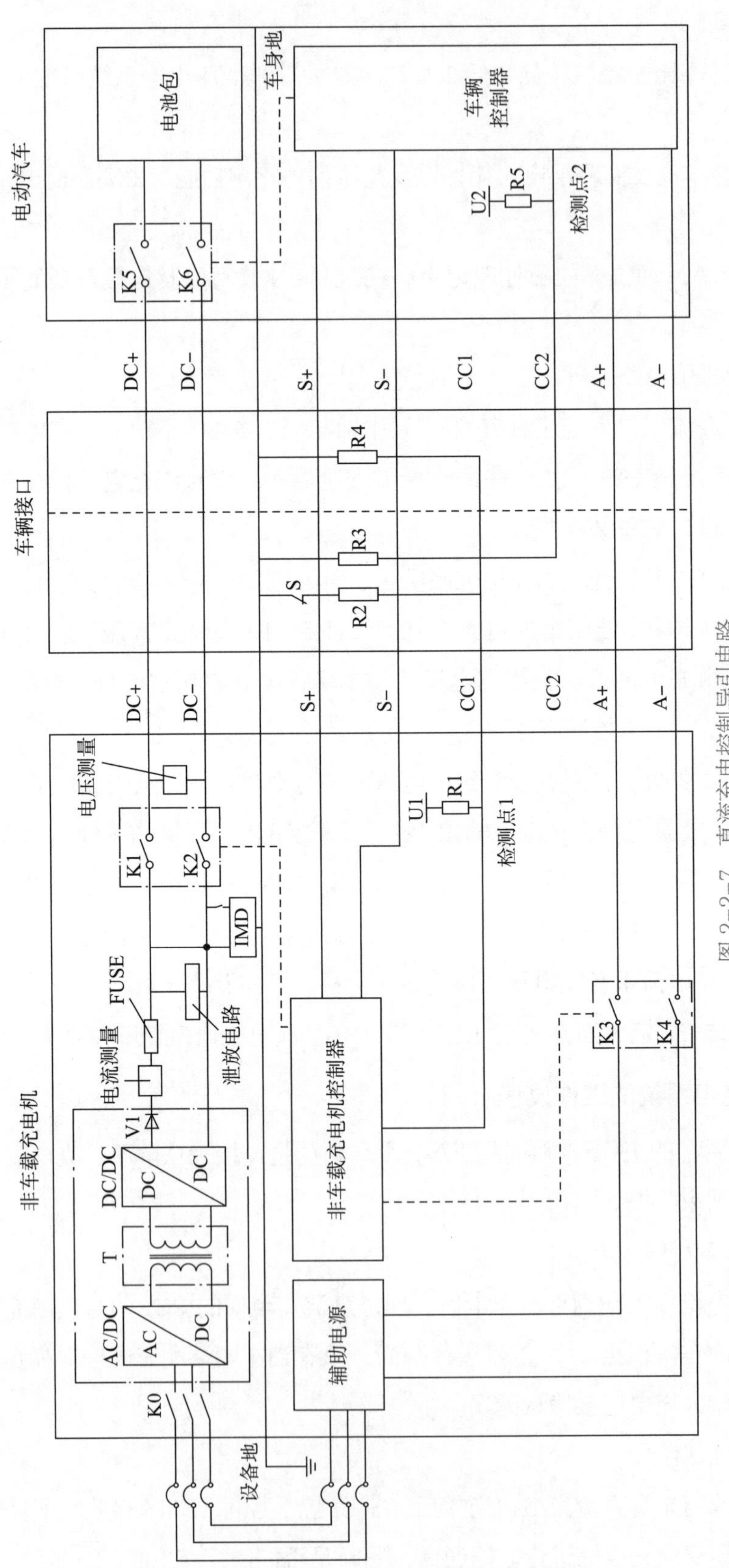

图 2-2-7　直流充电控制导引电路

（3）充电阶段

在整个充电过程中，BMS 实时向车载充电机发送动力蓄电池充电需求，充电桩根据动力蓄电池的充电需求调整充电电压和充电电流，以保证充电过程正常进行。充电桩与车辆不断交换信息，包括充电电流、电池温度、电池 SOC 值、充电终止信号等信息。

（4）充电结束阶段

充电桩根据是否收到停止充电指令、充电过程是否正常、是否达到设定的充电参数值或者是否收到 BMS 充电终止信号来判断是否结束充电。当停止充电时，BMS 向充电桩反馈充电统计数据（电池 SOC 值、最低电压和最高电压），充电桩收到数据后，向 BMS 发送整个充电过程中的输出电量、充电时间等信息。

直流充电系统的工作过程如图 2-2-8 所示。

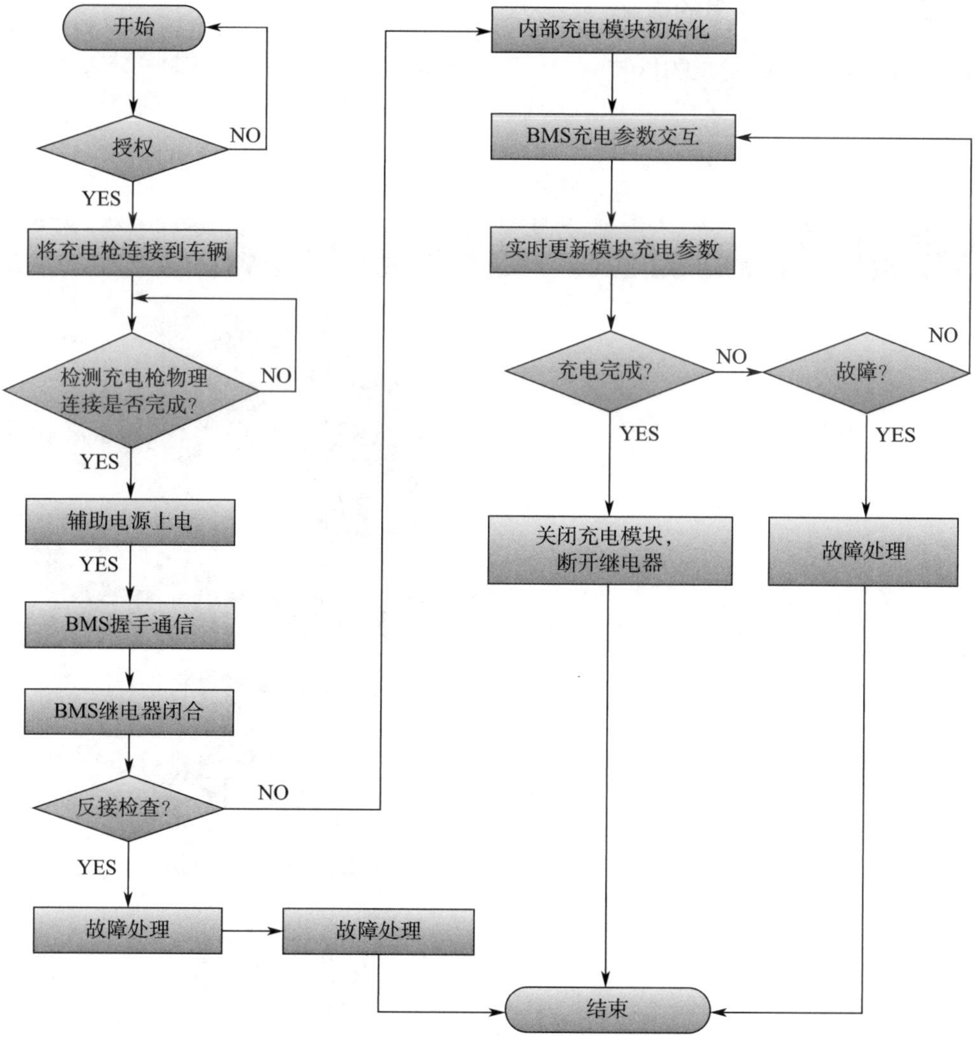

开始
授权
NO
YES
将充电枪连接到车辆
检测充电枪物理连接是否完成？
NO
YES
辅助电源上电
YES
BMS握手通信
BMS继电器闭合
反接检查？
NO
YES
故障处理
故障处理
内部充电模块初始化
BMS充电参数交互
实时更新模块充电参数
充电完成？
NO
故障？
NO
YES
YES
关闭充电模块，断开继电器
故障处理
结束

图 2-2-8　直流充电系统的工作过程

二、直流充电系统的检修

1. 准备工作

在对电动汽车进行维修时禁止带电作业，正规的操作流程应按照以下步骤进行：

（1）关闭钥匙开关。

（2）断开辅助蓄电池负极电缆。

（3）使用专用万用表对所维修部位进行电压测量，如测量值大于 0 V，应使用专用放电棒对该部件进行放电，当电压完全消失后方可进行下一步操作。

（4）戴好专用防高压手套。

（5）进行检测与维修作业。

2. 直流充电系统线束的检修

（1）直流充电系统线束的拆装

直流充电系统线束的拆装见表 2-2-4。

表 2-2-4　直流充电系统线束的拆装

步骤名称	操作步骤	图片
拆装直流充电线束	1. 将车辆电源关闭，断开蓄电池负极电缆，按照高压安全操作规范进行准备 2. 拔下维修开关后等待 10 min	 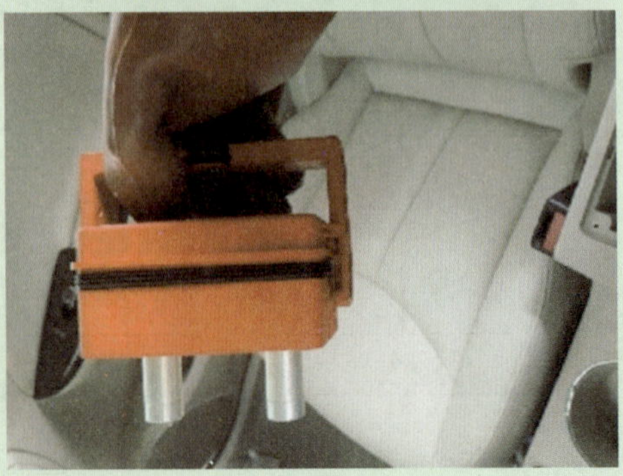

续表

步骤名称	操作步骤	图片
拆装直流充电线束	3. 拆卸汽车格栅上盖板和前格栅本体	 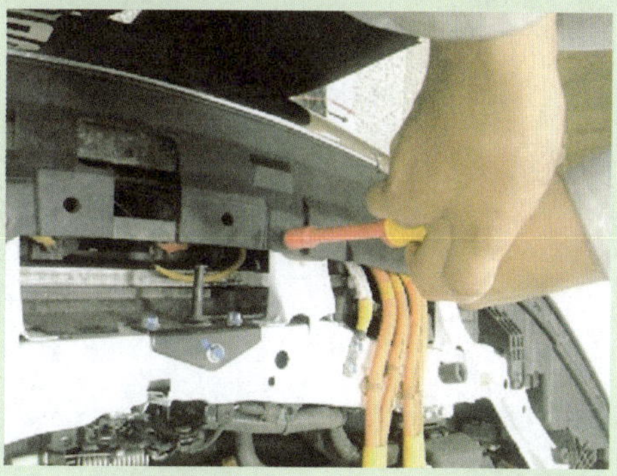
	4. 推掉高低压接插件，并拆掉扎带	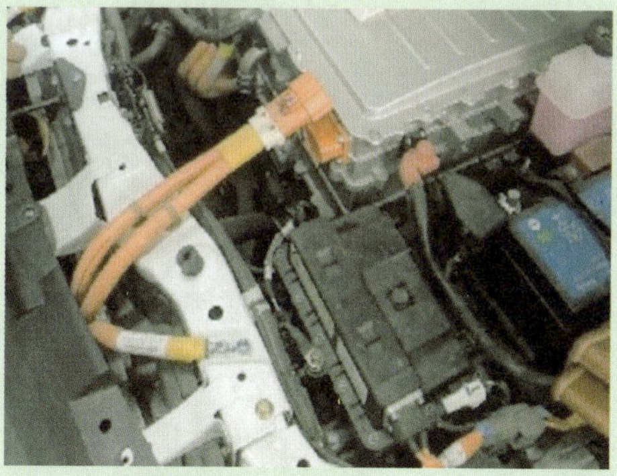 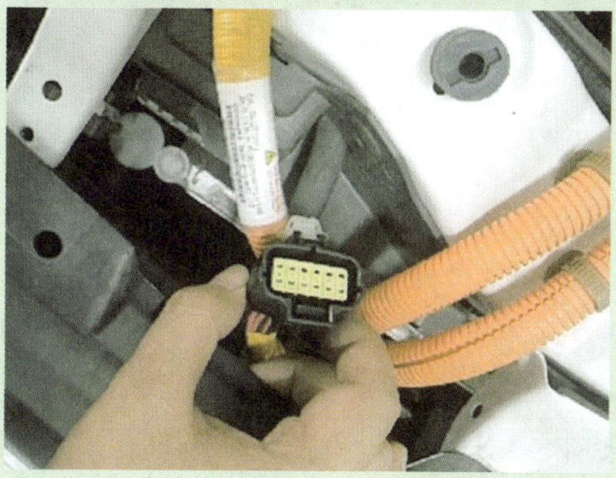

续表

步骤名称	操作步骤	图片
拆装直流充电线束	5. 拆卸两颗搭铁螺栓	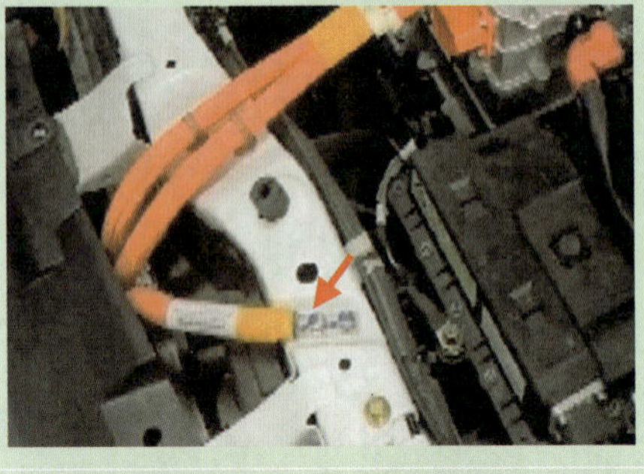
	6. 拆掉充电口上安装板和充电口法兰面安装螺栓	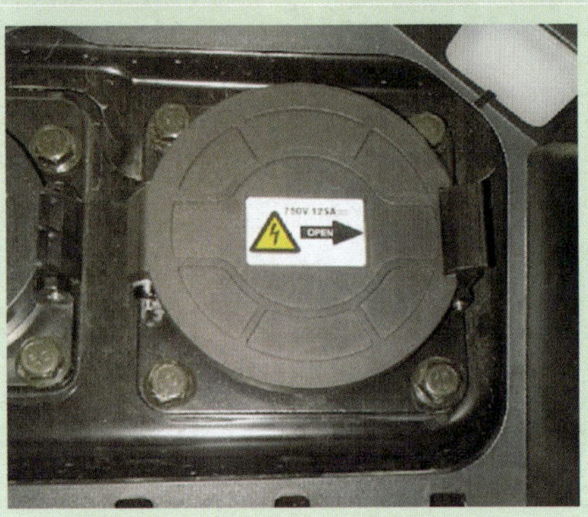
	7. 按图示方向取出直流充电口	 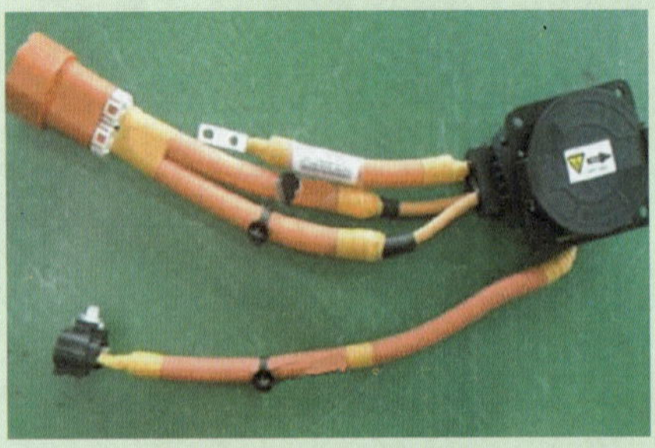
	8. 直流充电线束的安装以倒序进行，按规定力矩装配；安装过程中，应确保高、低压接插件对接到位，无松动	
拆装动力蓄电池高压线束	拆装顺序同“交流充电系统的检修”中的“交流充电系统线束的拆装”	

（2）直流充电系统线束的检修

目测检查直流充电系统线束和接插件外观是否有破损、裂痕。在充电过程中线束会产生热量，因此，线束如有破损应及时更换。

1）检测直流充电线束低压接插件和充电口端的电阻值是否正常，见表 2-2-5。

表 2-2-5　　低压接插件和充电口端电阻值的检测

端子	颜色	正常值
1→A-（低压辅助电源负）	B	<1 Ω
2→A+（低压辅助电源正）	R	<1 Ω
3→CC2（直流充电感应信号）	R	<1 Ω
4→S-（CAN-L）	B	<1 Ω
5→S+（CAN-H）	R	<1 Ω
CC1→车身地	W/B	（1 000±30）Ω

如果测量值不正常，则需要更换线束。

2）检测电池管理器接插件 BMC 02 与充电口端的电阻值是否正常，见表 2-2-6。

表 2-2-6　　电池管理器接插件 BMC 02 与充电口端电阻值的检测

端子	颜色	正常值
BMC 02-04→CC2（直流充电感应信号）	R	<1 Ω
BMC 02-14→S+（CAN-H）	R	<1 Ω
BMC 02-20→S-（CAN-L）	B	<1 Ω
1→A-（低压辅助电源负）	B	<1 Ω
2→A+（低压辅助电源正）	R	<1 Ω

如果测量值不正常，则需要更换线束。

3. 高压控制盒的检修

（1）高压控制盒的组成和作用

比亚迪 e5 汽车高压控制盒安装在高压电控总成中，如图 2-2-9 所示，其主要结构包括铜排连接片、放电主接触器、交流充电接触器、预充接触器、霍尔电流传感器、直流充电正负极接触器（其吸合与断开由电池管理器控制）等。其作用是将电池包的高压直流电分配给整车高压电器使用，其上游是电池包，下游包括双向交流逆变式电机控制器（VTOG）、DC/DC 变换器、PTC 水加热器、电动压缩机、漏电传感器等；同时，也将 VTOG 和车载充电机的高压直流电分配给电池包。

图 2-2-9　比亚迪 e5 汽车高压控制盒

1—放电主接触器　2—交流充电接触器　3—直流充电正极接触器　4—直流充电负极接触器　5—预充接触器　6—霍尔电流传感器

（2）高压控制盒的拆装

以比亚迪 e5 汽车为例，双向交流逆变式电机控制器（VTOG）、高压配电箱和漏电传感器模块、车载充电机及预充电容、DC/DC 变换器都集成在高压电控总成中，通过各接口与相关系统相连接，如图 2-2-10 所示，其外部接口说明见表 2-2-7。将原本生产过程需要多次装配的零部件进行集成化设计，提高了装配效率和生产效率，实现了高压系统的小型化、轻量化，有利于降低成本、改善布局和提高整车性能。

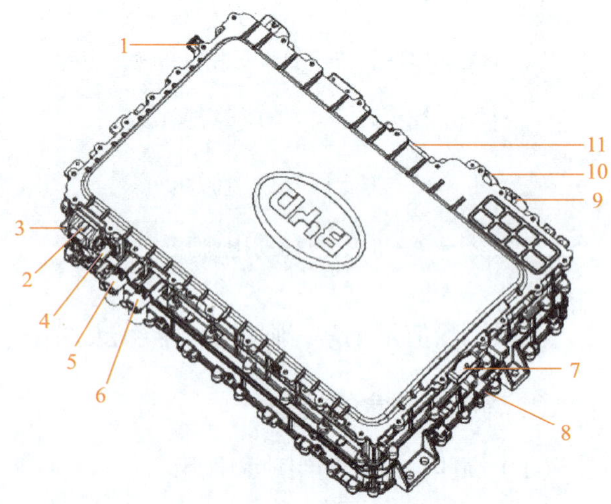

图 2-2-10　比亚迪 e5 汽车高压电控总成外部接口示意图

表 2-2-7　　比亚迪 e5 汽车高压电控总成外部接口说明

接口编号	说明	接口编号	说明
1	DC 直流输出接插件	7	64 pin 低压信号接插件
2	33 pin 低压信号接插件	8	入水管
3	高压输出空调压缩机接插件	9	交流输入 L_2、L_3 相
4	高压输出 PTC 接插件	10	交流输入 L_1、N 相
5	动力蓄电池正极母线	11	驱动电机三相输出接插件
6	动力蓄电池负极母线		

因此，比亚迪 e5 汽车高压控制盒的拆装实质上就是高压电控总成的拆装，见表 2-2-8。

表 2-2-8　　比亚迪 e5 汽车高压电控总成的拆装

操作步骤	图片
1. 将车辆电源关闭，断开蓄电池负极电缆，按照高压安全操作规范进行准备 2. 拔下维修开关后等待 10 min	 ①—蓄电池负极电缆 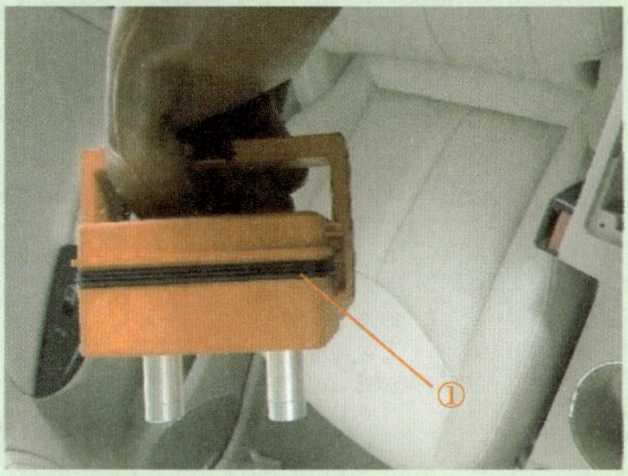 ①—维修开关

续表

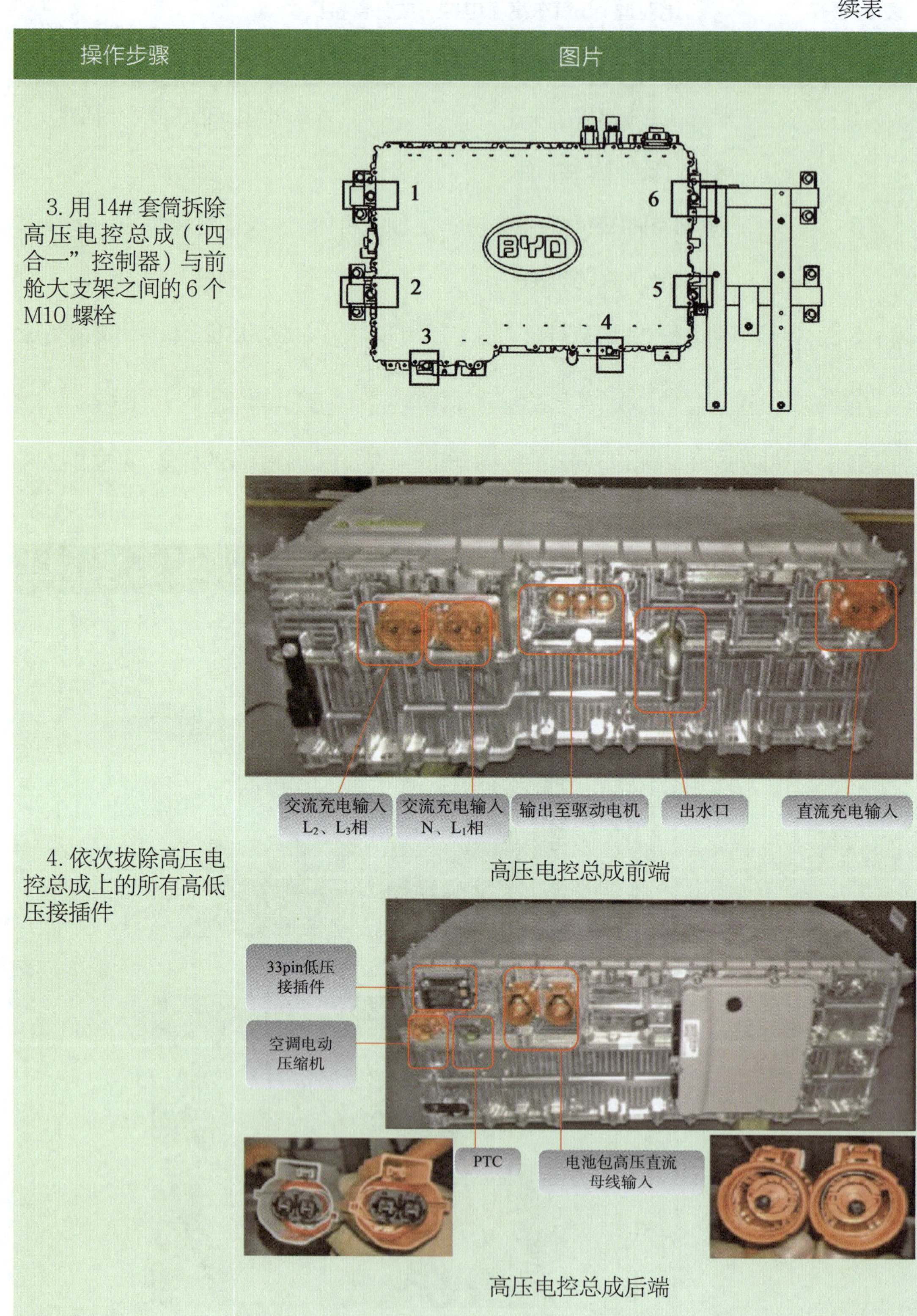

操作步骤	图片
3. 用14# 套筒拆除高压电控总成（“四合一”控制器）与前舱大支架之间的6个M10螺栓	
4. 依次拔除高压电控总成上的所有高低压接插件	高压电控总成前端 高压电控总成后端

续表

操作步骤	图片
5. 拆除高压接插件冷却进水口、出水口（见第 4 步）以及排气管管路，并拆除左右两根搭铁线	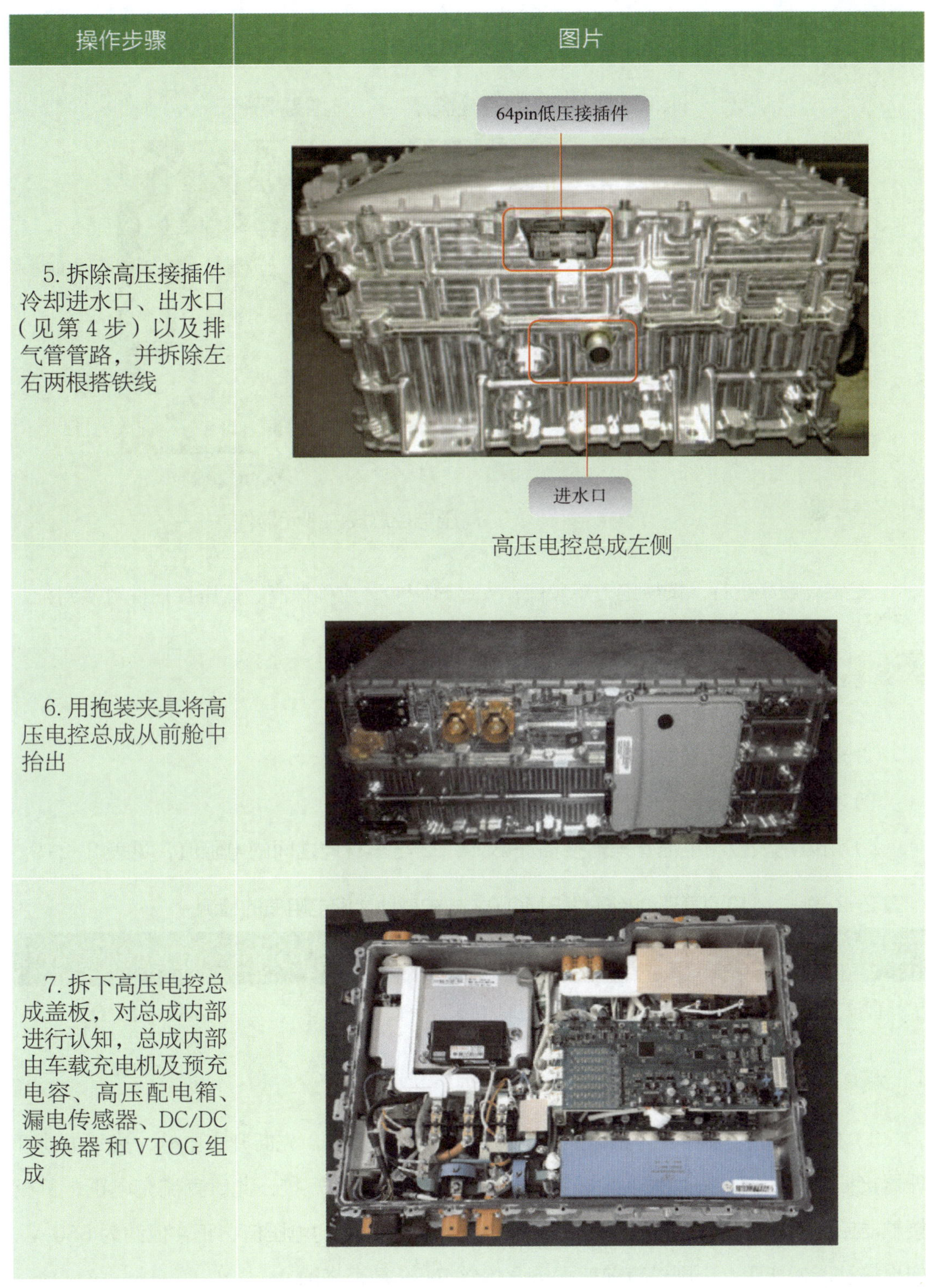 高压电控总成左侧
6. 用抱装夹具将高压电控总成从前舱中抬出	
7. 拆下高压电控总成盖板，对总成内部进行认知，总成内部由车载充电机及预充电容、高压配电箱、漏电传感器、DC/DC 变换器和 VTOG 组成	

续表

操作步骤	图片
	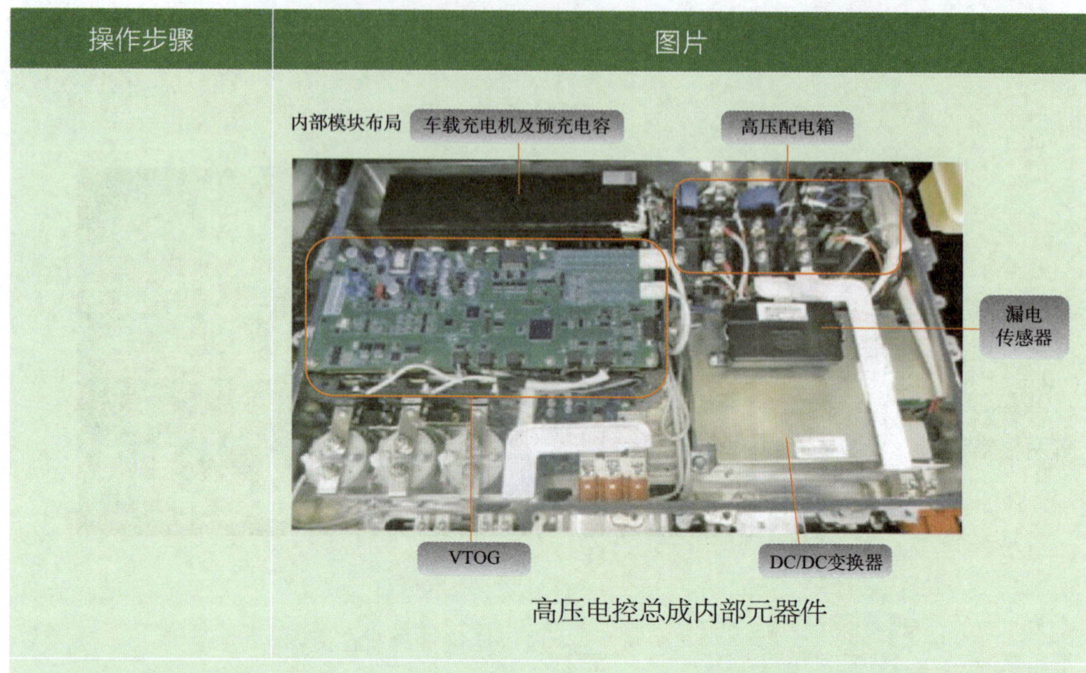 高压电控总成内部元器件
8. 安装以倒序进行，按规定力矩装配；安装过程中，应确保高、低压接插件对接到位，无松动	
注意：严禁将比亚迪 e5 汽车高压电控总成整体拆开	

（3）高压电控总成的检测

1）将电源开关关闭，连接充电枪，准备充电。

2）用万用表检测电池管理器接插件 BMC 02 与车身地之间的电阻值，见表 2-2-9。

表 2-2-9　电池管理器接插件 BMC 02 与车身地之间电阻值的检测

端子	颜色	正常电阻值
直流充电正、负极接触器电源脚→车身地	W/R	11～14 Ω
直流充电接触器控制脚→车身地	B	<1 Ω

3）如果测量结果不符合正常值，则检测高压电控总成。先断开充电枪，拔下电池管理器接插件，将直流充电正、负极接触器控制脚与车身地短接，此时直流充电正、负极接触器应能吸合，用万用表测量充电口 DC+ 与 DC- 之间的电压值，正常值约为 650 V。如果接触器未能吸合，则检查前舱配电盒熔丝 F1/8 是否烧蚀。

4）检查发现该熔丝已烧蚀。更换该熔丝后，充电正常，故障排除。

思考与练习

1. 直流充电系统由哪几部分组成?
2. 直流充电接口端子 CC2 的作用是什么?
3. 简述直流充电系统的工作过程。

技能实训 4　高压控制盒的拆装与检测

技能实训	高压控制盒的拆装与检测	日期		成绩	
学生姓名		学号		班级	

一、实训目标

1. 了解高压控制盒的组成及工作原理。
2. 掌握高压控制盒的检测步骤。
3. 能拆装高压电控总成。
4. 能检测高压电控总成。

二、实训器材

查阅相关资料，写出下列实训器材的名称及用途。

外形	名称	用途
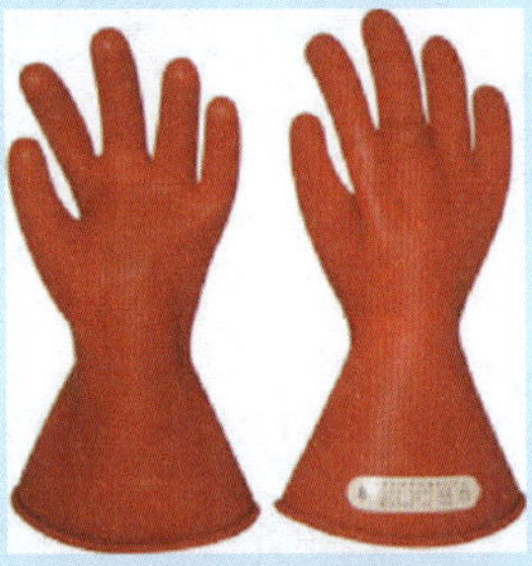		

续表

外形	名称	用途

三、知识准备

通过相关知识的学习，将横线处填写完整。

1. 高压控制盒的组成

比亚迪 e5 汽车高压控制盒安装在高压电控总成中，其主要结构包括__________、放电主接触器、__________、预充接触器、__________、直流充电正负极输入接触器等。

2. 高压控制盒的作用

高压控制盒的作用是将__________的高压直流电分配给整车高压电器使用，其上游是电池包，下游包括__________、__________、__________、__________、漏电传感器等；同时，也将__________和__________的高压直流电分配给__________。

3. 高压电控总成外部接口

根据下图，将比亚迪 e5 汽车高压电控总成外部接口说明填入下表。

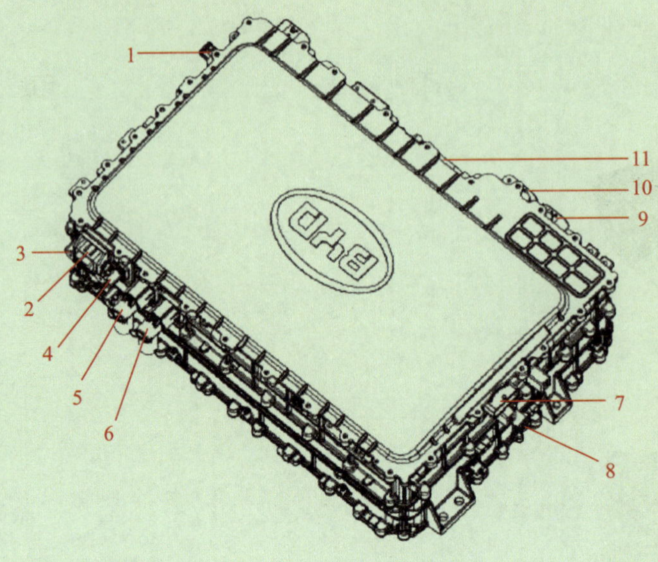

比亚迪 e5 汽车高压电控总成外部接口示意图

接口编号	说明	接口编号	说明
1		7	
2		8	
3		9	
4		10	
5		11	
6			

四、实训内容及步骤

1. 作业前准备

准备作业工具及设备，检查工作场地和设备设施是否清洁，是否存在安全隐患，如不正常应汇报给实训教师。

检查项目	检查内容
安全防护用品	
作业工具	
实训设备设施	
辅助资料	

2. 高压控制盒的拆装与检测流程

编写高压控制盒的拆装与检测流程，填写下表。

序号	拆装与检测流程

3. 小组分工

分工	组员	分工	组员
操作员		记录员	
监护员		展示员	

4. 安全注意事项

查阅相关资料，填写下表。

序号	注意事项

5. 高压控制盒的拆装与检测

通过相关知识的学习，填写下表。

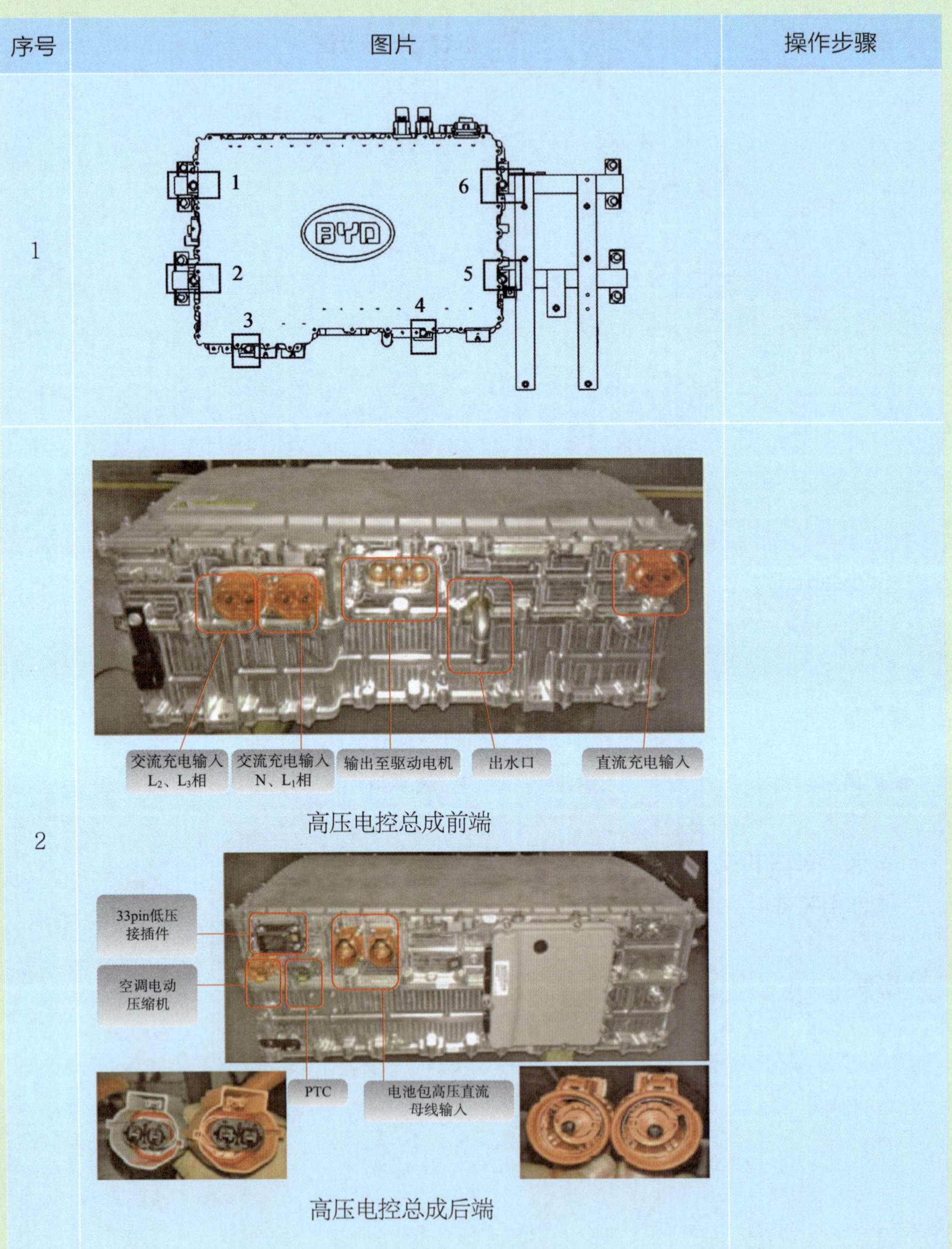

序号	图片	操作步骤
1	1 2 3 4 5 6 BYD	
2	交流充电输入 L_2、L_3相 交流充电输入 N、L_1相 输出至驱动电机 出水口 直流充电输入 高压电控总成前端 33pin低压接插件 空调电动压缩机 PTC 电池包高压直流母线输入 高压电控总成后端	

续表

序号	图片	操作步骤
3	64pin低压接插件 进水口 高压电控总成左侧	
4		
5		检测直流充电正、负极接触器电源脚与车身地之间的电阻值
6		检测直流充电接触器控制脚与车身地之间的电阻值

五、检验与评估

1. 小组互评

小组选派代表进行成果展示，其余小组根据展示和阐述进行评价，并记录评价结果。

序号	评价标准	评价结果
1	任务目标制定是否合理	
2	任务过程表述是否清晰	
3	任务结果是否符合实际情况	
4	任务计划是否切实、有效执行	
5	任务体会是否深刻	
综合评价		

2. 组内互评

每个成员对组员的表现进行打分，并填写下表。

组长：________________ 组号：________________

序号	1	2	3	4	5	6
姓名						
分工						
评价						

注：评价采用 5 分制。

3. 自我反思和评价

根据个人在课堂上的实际表现，填写下表。

自我反思	
自我评价	

六、实训考核

考核标准表

项目	评分标准	分值	得分
工作任务接收	能正确接收并理解工作任务及要求	10	
资料收集	熟知高压控制盒的组成、工作原理、拆装与检测方法	10	
计划制订	能按规范作业要求，制订完成任务的计划，写出高压控制盒的拆装与检测步骤	15	
计划实施	高压控制盒的拆卸	15	
	高压控制盒的检测	15	
	高压控制盒的安装	15	
质量检查	任务完成良好，操作过程规范	10	
评价反馈	能根据自身及组员表现进行客观评价	5	
	能在任务实施过程中发现自身及组员的问题	5	
合计		100	

课题三 | 低压充电系统的检修

学习目标

1. 掌握低压充电系统的组成。
2. 了解低压充电系统的工作原理。
3. 能对低压充电系统线束进行检修。
4. 能对 DC/DC 变换器进行检修。

●任务描述：

某客户的比亚迪 e5 纯电动汽车仪表盘提示“请检查充电系统，请检查低压电池系统”，车辆熄火后无法再次启动。维修人员小张确认故障信息后，发现该车辅助蓄电池装有电池管理器，测量辅助蓄电池电压为 0 V。想一想，小张该如何进行检测与维修呢?

●任务分析：

纯电动汽车没有安装发电机，低压辅助电池只能依靠 DC/DC 变换器进行补充充电，而该车型设有智能充电模式，当低压电池检测到电量偏低时，在安全条件满足的情况下，可以通过动力蓄电池给辅助蓄电池充电。

相关理论

一、低压充电系统的组成与工作原理

1. 低压充电系统的组成

电动汽车低压直流 12 V 充电系统主要由动力蓄电池、辅助蓄电池、低压电池管理器（BMS）、DC/DC 变换器等组成，如图 2-3-1 所示。

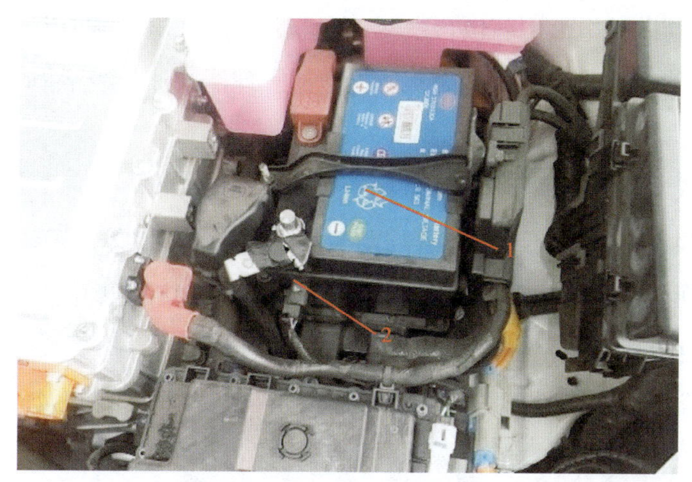

图 2-3-1 低压充电系统的组成

1—辅助蓄电池 2—低压电池管理器接插件

（1）辅助蓄电池

以比亚迪 e5 汽车为例，该车装配的辅助蓄电池是铁电池（见图 2-3-2）。该电池内部包含电池管理器，能监测电池的电压、电流和温度，电池管理器与整车控制模块进行相互通信，如果检测到铁电池的异常状态就会触发故障报警功能，使仪表盘上的故障指示灯点亮，同时显示“请检查低压电池系统”。

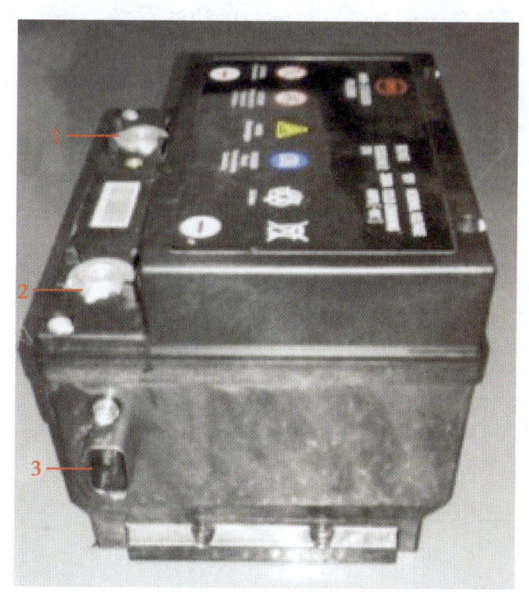

图 2-3-2 比亚迪 e5 汽车的辅助蓄电池

1—正极极柱 2—负极极柱 3—低压电池管理器接插件

比亚迪辅助蓄电池是整车低压负载的供电电源，并联在 DC/DC 变换器输出端上，一般情况下由 DC/DC 变换器给辅助蓄电池充电，只有当输出不足时辅助蓄电池才参与整车负载供电。辅助蓄电池内部包含电池管理器，其承载电流能力有限，因此严禁使用辅助蓄电池给其他燃油车辆搭电起动，如果电池管理器或通信线路损坏，辅助蓄电池将无法正常使用。

1）使用注意事项

①在非 OK 电源挡时，不要尝试开启前照灯和音响等多媒体娱乐系统。

②不要随意更换其他型号的电池极柱螺栓，以免造成接触电阻过大。

2）充电注意事项

①辅助蓄电池不同于铅酸蓄电池，当电压低于 12.8 V 时，建议及时充电。

②充电时，应使用推荐的充电设备，或者在整车 OK 挡充电。

③在车下充电时，须采用限流方式，限制电压在 14 V、电流在 30 A 以内。切勿对电池串联充电（两个或者多个串联充电都不允许）。

④辅助蓄电池完成充电时间一般为 2~3 h，当充电电流降为 0~1 A 时，应停止充电。

注意：当电池电压低于 7.5 V 时，需更换辅助蓄电池。

（2）DC/DC 变换器

DC/DC 变换器替代了传统燃油汽车安装在发动机上的 12 V 发电机，与辅助蓄电池并联给各用电器件提供低压电源。DC/DC 变换器在直流高压输入端接触器吸合后便开始工作，输出电压标称值为 13.8 V。DC/DC 变换器在上 OK 电时、充电时（包括交流充电和直流充电）、智能充电时都会工作，以辅助蓄电池为整车提供低压电源，如图 2-3-3 所示。

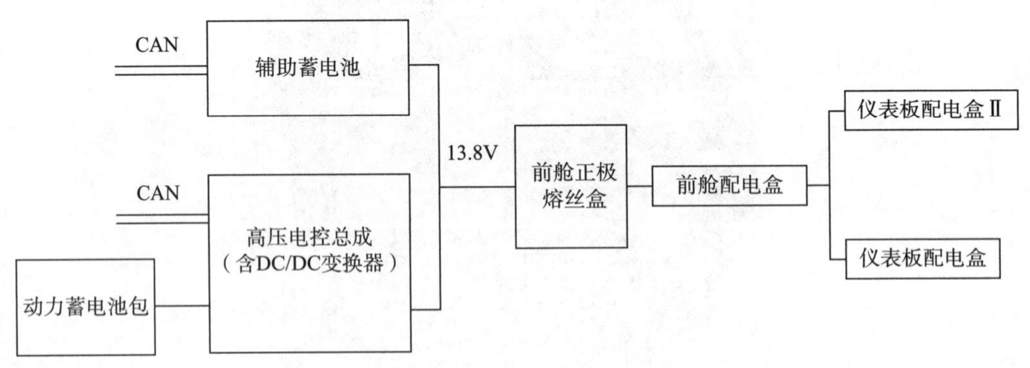

图 2-3-3　低压充电系统供电框图

（3）DC/DC 变换器连接线束

以北汽新能源 EV200 车型为例，DC/DC 变换器的主要连接线束包括低压正负极输出线束、低压控制线束、高压输入线束等，如图 2-3-4 所示。其接口端子及其功能如图 2-3-5 和表 2-3-1 所示。

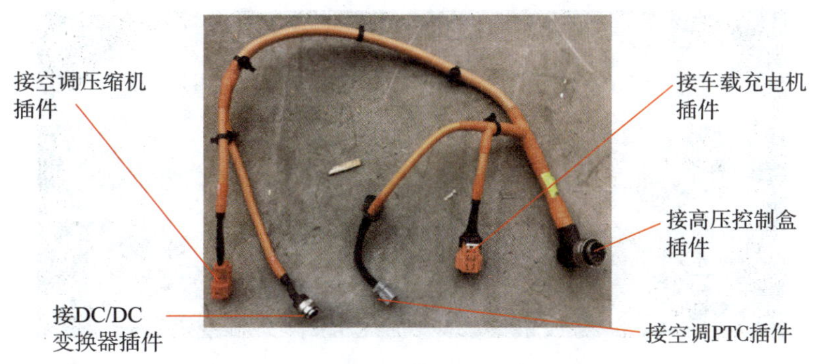

图 2-3-4 DC/DC 与高压控制盒的连接线束

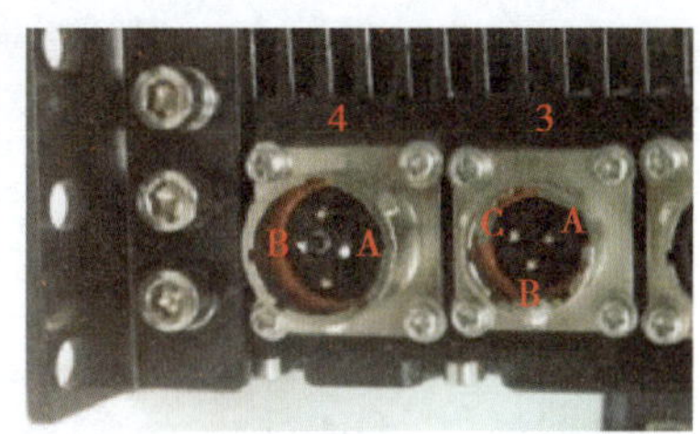

图 2-3-5 DC/DC 变换器接口端子
1—低压负极输出 2—低压正极输出 3—低压控制端 4—高压输入端

表 2-3-1 DC/DC 变换器接口端子的功能

序号	接口端子	功能
1	低压负极输出	接 12 V 蓄电池正极
2	低压正极输出	接 12 V 蓄电池负极
3	低压控制端	A—控制电路电源正，兼使能（直流 12 V 启动，0~1 V 关机） B—电源状态信号输出（故障线，故障：12 V 高电平，正常：低电平） C—控制电路电源负
4	高压输入端	A—电源负极 B—电源正极 中间为高压互锁短接端子

在比亚迪 e5 汽车上，将车载充电机、DC/DC 变换器、高压控制盒等集成在高压电控总成中，这样的集成化设计简化了大量的高压线束，省去了控制线束，DC/DC 变换器的外部高压输入也是高压电控总成直流母线输入，如图 2-3-6 所示。

电池包高压直流母线输入

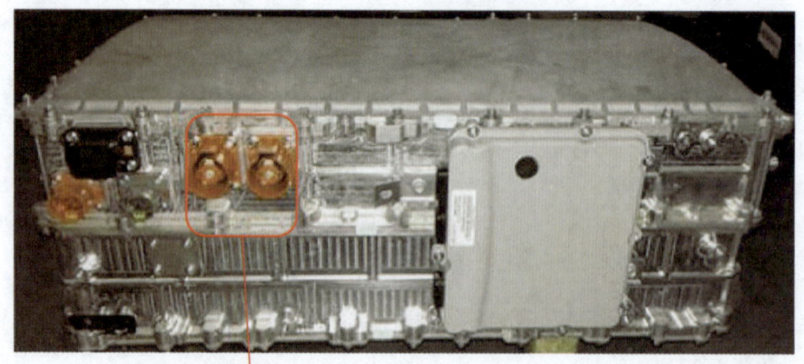

图 2-3-6 DC/DC 变换器的外部高压输入

2. 低压充电系统的工作原理

比亚迪 e5 汽车上 OK 电时、充电时（包括交流充电和直流充电）、智能充电时，车辆低压充电系统都会工作，其控制电路如图 2-3-7 所示。

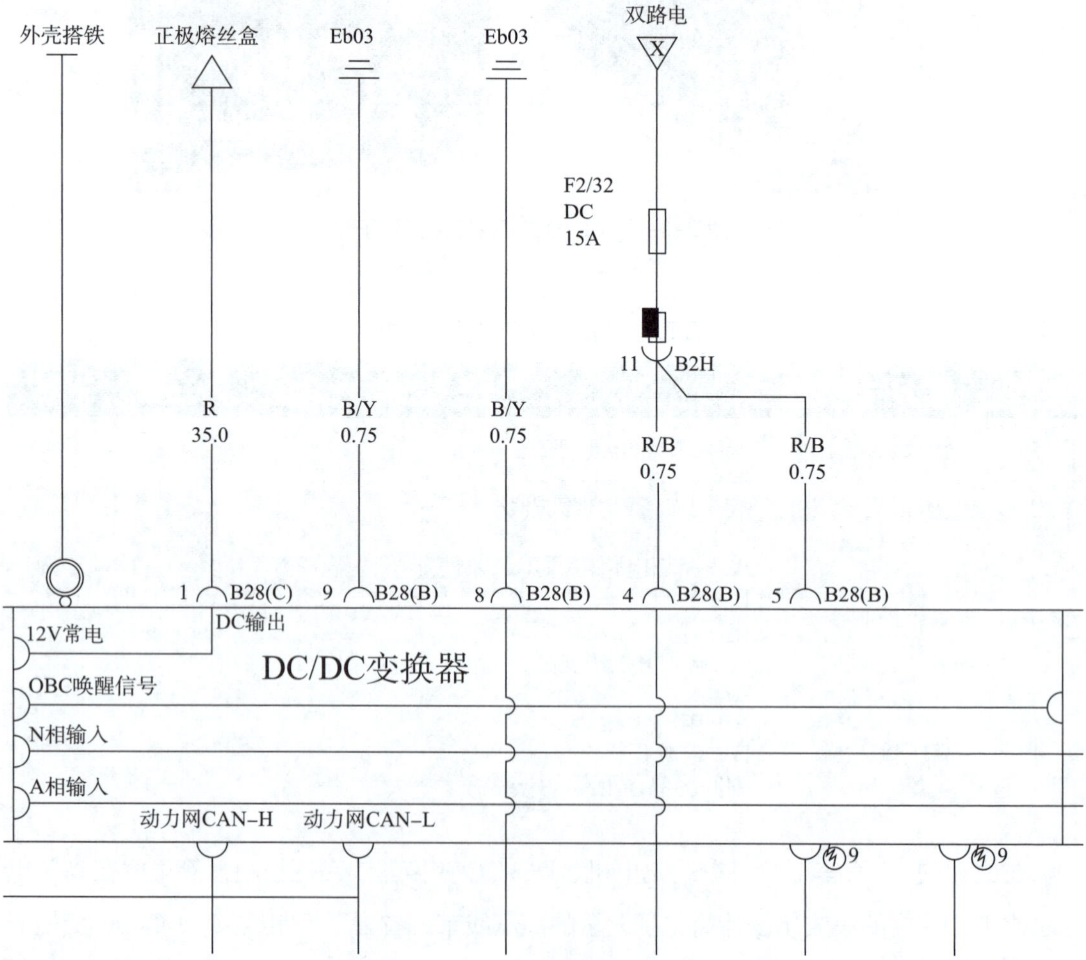

外壳搭铁
正极熔丝盒
Eb03
Eb03
双路电
X
F2/32
DC
15A
11
B2H
R
35.0
B/Y
0.75
B/Y
0.75
R/B
0.75
R/B
0.75
1 B28(C)
9 B28(B)
8 B28(B)
4 B28(B)
5 B28(B)
DC输出
12V常电
DC/DC变换器
OBC唤醒信号
N相输入
A相输入
动力网CAN-H
动力网CAN-L
9
9

图 2-3-7 低压充电系统控制电路

（1）上电时，VTOG 工作正常，将 DC/DC 使能信号传递给 DC/DC 变换器，DC/DC 变换器正常工作，将高压直流电转换为低压直流电，输送到正极熔丝盒，直接与辅助蓄电池正极相连，为辅助蓄电池充电，如图 2-3-8 所示。

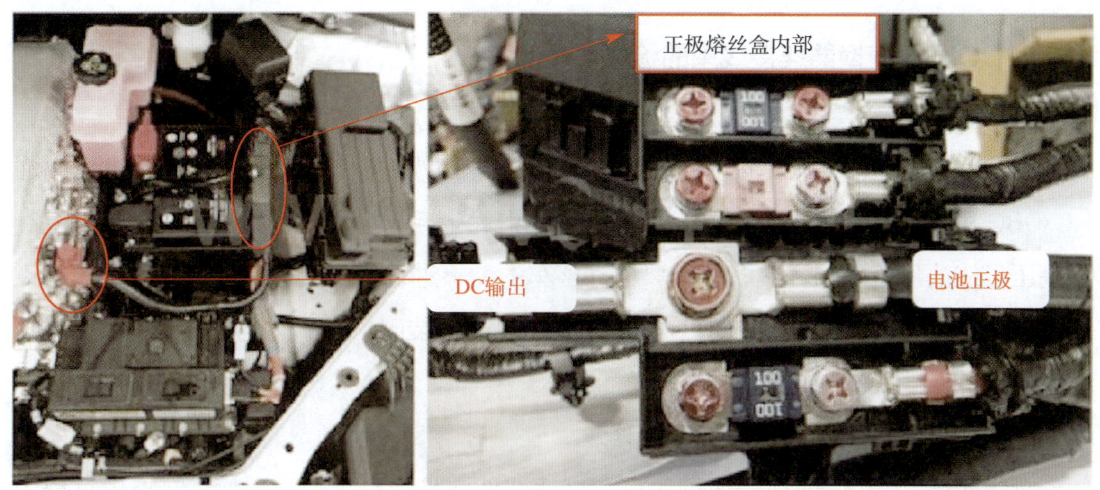

图 2-3-8　低压充电系统连接图

（2）下电时，车辆进行充电时，连接确认后，VTOG 被唤醒，将 DC/DC 使能信号传递给 DC/DC 变换器，DC/DC 变换器正常工作。车载充电机将 220 V 的交流电转换为高压直流电，DC/DC 变换器将高压直流电转换为低压直流电，为辅助蓄电池充电。

比亚迪 e5 汽车拥有智能充电模式，当电源开关在 OFF 挡位下，辅助蓄电池电压过低，且机舱盖关闭信号有效时，辅助蓄电池会请求进行智能充电（前提是高压系统无故障，动力蓄电池电量在 10% 以上）。智能充电结束后自行终止，开机舱盖会导致智能充电被迫终止。当车辆仪表提示“低压电池电量过低，请检查车辆状态”的报警信息时，说明智能充电失效，需及时检查车辆状态，排除故障。

电源开关在 OFF 挡位下，整车智能充电失效且辅助蓄电池电压低于一定值时，为保证有足够的电量用于下次起动车辆，可能会进入超低功耗模式，此时辅助蓄电池会切断输出，防盗指示灯不闪烁。可以尝试按下左前门微动开关按钮，重新唤醒辅助蓄电池供电，唤醒后应及时上到 OK 挡为辅助蓄电池充电，并及时检查车辆状态，排除故障。

车辆在 OFF 挡的安全条件下（无车速），辅助蓄电池电压过低时，为避免电池放电而损坏，可能会进入低电压保护模式，进入后整车断电，并且无法通过左前门微动开关唤醒。如果需要继续使用，必须及时为辅助蓄电池充电（在该模式下，高电位可自动唤醒），否则电池会一直处于这种自我保护模式。

二、低压充电系统的检修

1. 准备工作

同“直流充电系统的检修”的准备工作。

2. DC/DC 变换器连接线束的检修

（1）DC/DC 变换器连接线束的拆装

以北汽新能源 EC180 汽车为例，将车载充电机模块、DC/DC 变换器模块集成在 DC/OBC 集成控制器中，将原本大量的高压线束优化后，在内部母排中集成体现，提高了高压母线的屏蔽效果，其各个接口根据整车的需求进行定制化设计，提高了高压线束的装配便捷性和可靠性。DC/DC 变换器连接线束的拆装同“交流充电系统的检修”中的“车载充电机连接线束的拆装”。

（2）DC/DC 变换器连接线束的检修

目测检查 DC/DC 变换器连接线束和接插件外观是否有破损、裂痕。在充电过程中线束会产生热量，因此，线束如有破损应及时更换。

3. DC/DC 变换器的检修

（1）DC/DC 变换器的工作原理

DC/DC 变换器将动力蓄电池的高压直流电转换为低压直流电，为整车低压用电设备供电，以及为辅助蓄电池充电。

DC/DC 变换器的工作原理如图 2-3-9 所示。

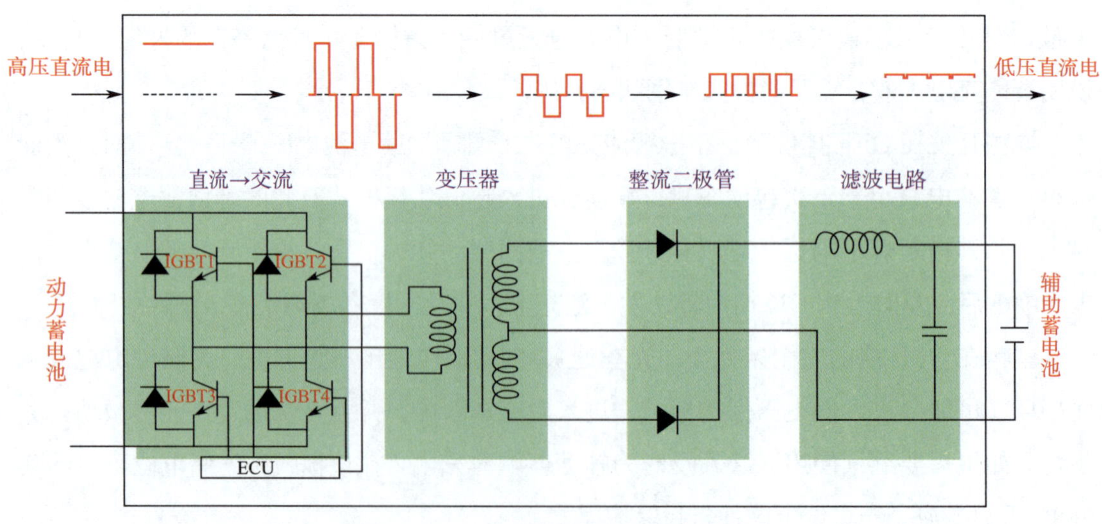

图 2-3-9　DC/DC 变换器的工作原理

当 ECU 控制 IGBT2 和 IGBT3 导通时，动力蓄电池高压电流从电池正极流经 IGBT2 到变压器一次侧绕组上端，向下流过一次侧绕组，经过 IGBT3 到电池负极，完成回路。

当 ECU 控制 IGBT1 和 IGBT4 导通时，动力蓄电池高压电流从电池正极经 IGBT1 到变压器一次侧绕组下端，向上流过一次侧绕组，经过 IGBT4 到电池负极，完成回路。

两次不同的导通过程，在变压器一次侧绕组中产生不同方向的交变磁场，在变压器二次侧绕组感应出低压交变电流。此过程将高压直流电转变为交变电流，经变压器进行降压，在二次侧绕组输出低压交变电流。

低压交变电流经全波整流器进行整流，再经滤波电路过滤整形，形成一个趋于平稳的直流波形输出。

（2）DC/DC 变换器的拆装

以北汽新能源 EC180 汽车为例，其拆装步骤详见“交流充电系统的检修”中的“车载充电机的拆装”。

以比亚迪 e5 汽车为例，其拆装步骤详见“直流充电系统的检修”中的“高压控制盒的拆装”。

（3）DC/DC 变换器的检修

1）在做好高压安全防护准备后，检查并清洁 DC/DC 变换器外表面，应无异物，散热齿上应无杂物、灰尘等，以保证散热时风道畅通。检查 DC/DC 变换器外壳，应无变形和碰撞痕迹。

2）检查 DC/DC 变换器的功能。将车钥匙置于 ON 挡位，使用专用万用表电压挡测量辅助蓄电池的电压，这时所测得的电压值就是 DC/DC 变换器的输出电压，在关闭车上用电设备的情况下，DC/DC 变换器的正常输出电压应为 13～14 V。

3）检测 DC/DC 变换器的正、负极绝缘电阻（见表 2-3-2）。

表 2-3-2　DC/DC 变换器正、负极绝缘电阻的检测

检测步骤	绝缘电阻值
1. 将辅助蓄电池负极断开 2. 拔掉高压控制盒 8 芯插头 3. 将兆欧表黑表笔接于车身，红表笔逐个测量 A（正极）和 G（负极）	DC/DC 变换器绝缘电阻值在环境温度为（23±2）℃和相对湿度为 80%～90% 时，高压输入与车身（外壳）之间的绝缘电阻≥1 000 MΩ；在工作温度为 −20～65 ℃和工作湿度为 5%～85% 时，高压输入与车身（外壳）之间的绝缘电阻≥20 MΩ

经检测，该车高压电控总成低压输出端电压为 11.3 V，电压远小于 13.8 V，判断 DC/DC 变换器不工作导致低压电池馈电，更换高压电控总成后故障排除。

思考与练习

1. 低压充电系统由哪几部分组成？

2. DC/DC 变换器的作用是什么？

3. 简述比亚迪 e5 汽车低压充电系统的工作过程。

技能实训 5　DC/DC 变换器的拆装与检测

技能实训	DC/DC 变换器的拆装与检测	日期		成绩	
学生姓名		学号		班级	

一、实训目标

1. 了解 DC/DC 变换器的工作原理。
2. 掌握 DC/DC 变换器的检测步骤。
3. 能正确拆装并检测 DC/DC 变换器。

二、实训器材

查阅相关资料，写出下列实训器材的名称及用途。

外形	名称	用途
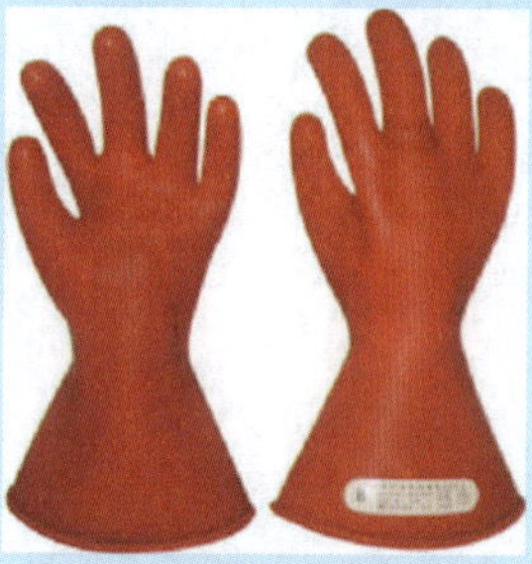		

续表

外形	名称	用途

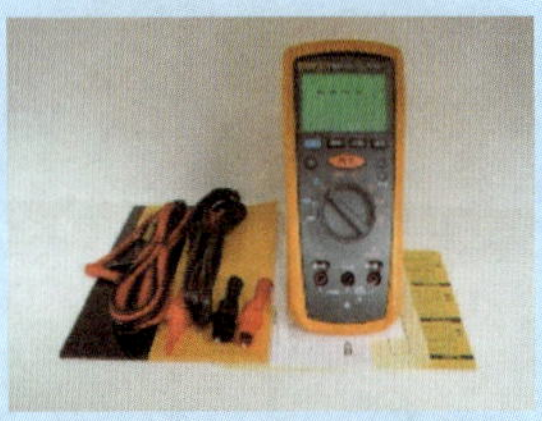		

三、知识准备

通过相关知识的学习，将横线处填写完整。

1. DC/DC 变换器的作用

DC/DC 变换器替代了传统燃油汽车安装在发动机上的____________，与辅助蓄电池并联给各用电器件提供____________。DC/DC 变换器在直流高压输入端接触器吸合后便开始工作，输出电压标称值为______V。DC/DC 变换器在__________时、__________时、__________时都会工作，以辅助蓄电池为整车提供低压电源。

2. DC/DC 变换器的工作原理

当 ECU 控制 IGBT2 和 IGBT3 导通时，完成一次回路。当 ECU 控制 IGBT1 和 IGBT4 导通时，完成另一次回路。

两次不同的导通过程，在变压器________________中产生不同方向的________________，在变压器________________感应出________________。此过程将高压直流电转变为________________，经变压器进行降压，在二级侧绕组输出________________。

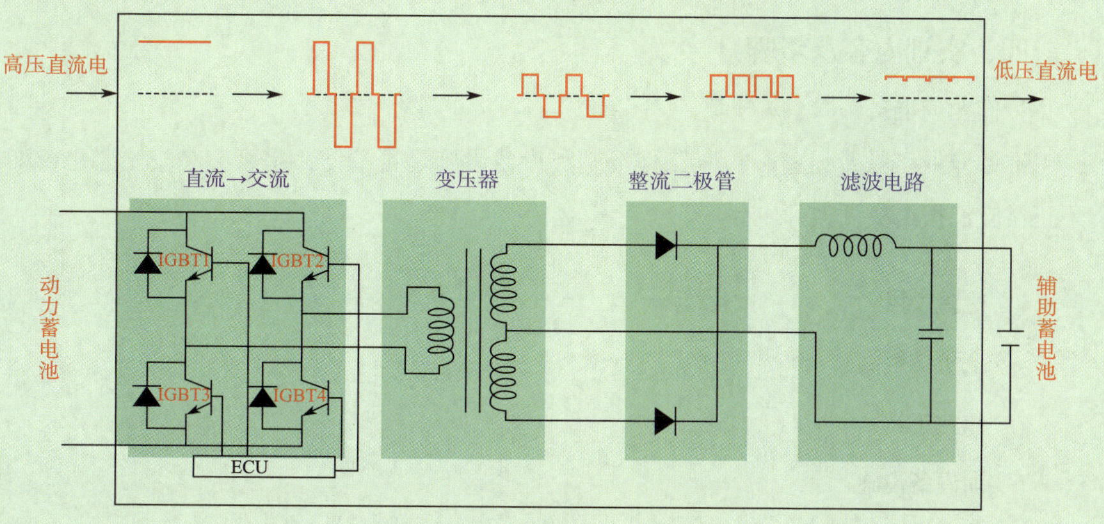

DC/DC 变换器的工作原理

3. DC/DC 变换器接口端子

根据下图，将 DC/DC 变换器接口端子的名称填入下表。

DC/DC 变换器接口端子

序号	接口端子名称
1	
2	
3	
4	

四、实训内容及步骤

1. 作业前准备

准备作业工具及设备，检查工作场地和设备设施是否清洁，是否存在安全隐患，如不正常应汇报给实训教师。

检查项目	检查内容
安全防护用品	
作业工具	
实训设备设施	
辅助资料	

2. DC/DC 变换器的拆装与检测流程

编写 DC/DC 变换器的拆装与检测流程，填写下表。

序号	拆装与检测流程

3. 小组分工

分工	组员	分工	组员
操作员		记录员	
监护员		展示员	

4. 安全注意事项

查阅相关资料，填写下表。

序号	注意事项

5. DC/DC 变换器的拆装与检测

通过相关知识的学习，填写下表。

序号	项目	操作步骤
1	以北汽新能源 EC180 汽车为例，即“交流充电系统车载充电机的拆装”	
2	以比亚迪 e5 汽车为例，即“直流充电系统高压控制盒的拆装”	
3	DC/DC 变换器的检测	

五、检验与评估

1. 小组互评

小组选派代表进行成果展示，其余小组根据展示和阐述进行评价，并记录评价结果。

序号	评价标准	评价结果
1	任务目标制定是否合理	
2	任务过程表述是否清晰	
3	任务结果是否符合实际情况	
4	任务计划是否切实、有效执行	
5	任务体会是否深刻	
综合评价		

2. 组内互评

每个成员对组员的表现进行打分，并填写下表。

组长：________________ 组号：________________

序号	1	2	3	4	5	6
姓名						
分工						
评价						

注：评价采用 5 分制。

3. 自我反思和评价

根据个人在课堂上的实际表现，填写下表。

自我反思	
自我评价	

六、实训考核

考核标准表

项目	评分标准	分值	得分
工作任务接收	能正确接收并理解工作任务及要求	10	
资料收集	熟知 DC/DC 变换器的作用、工作原理、拆装与检测方法	10	
计划制订	能按规范作业要求，制订完成任务的计划，写出 DC/DC 变换器的拆装与检测步骤	15	
计划实施	DC/DC 变换器的拆卸	15	
	DC/DC 变换器的检测	15	
	DC/DC 变换器的安装	15	
质量检查	任务完成良好，操作过程规范	10	
评价反馈	能根据自身及组员表现进行客观评价	5	
	能在任务实施过程中发现自身及组员的问题	5	
合计		100	

模块三 新能源汽车充电系统的故障诊断与排除

课题一 充电系统简单故障的诊断与排除

学习目标

1. 掌握充电系统简单故障的故障现象。
2. 了解充电系统简单故障的分析方法。
3. 能对低压充电系统简单故障进行检修。
4. 能对交流充电系统简单故障进行检修。

●任务描述：

某客户的比亚迪新能源纯电动汽车在充电时，发现车辆不能进行充电，该客户将车辆开到4S店进行诊断与维修。维修人员小张确认故障信息后，发现该车装配有交流充电系统，车辆连接充电器系统显示未进行充电。想一想，小张该如何进行检测与维修呢？

任务分析：

该车型装有交流充电系统，客户能利用交流充电桩或车载充电器进行充电。交流充电是指通过传导的方式，按照一定的充电模式，将交流电源调整为校准的电压或电流，为汽车动力蓄电池等储能装置提供电能。交流充电线束连接交流充电接口和车载充电机，将交流充电桩输入的 220 V 交流电输送到车载充电机。

相关理论

一、低压系统无法充电故障的诊断与排除

1. 故障现象

比亚迪 e5 汽车在行驶过程中，仪表提示"请检查充电系统，请检查低压电池系统"，如图 3-1-1 所示，汽车熄火后无法启动。

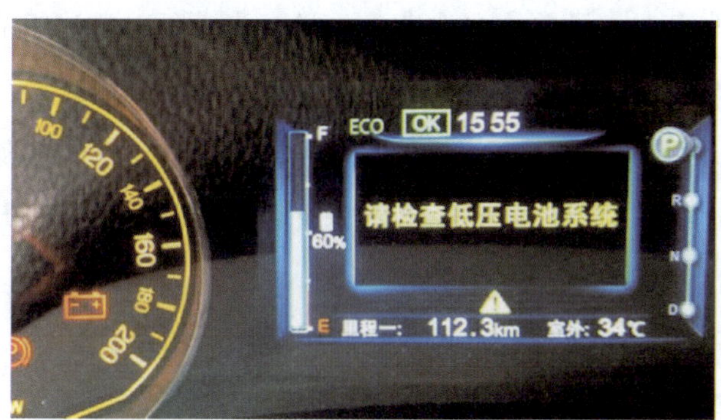

图 3-1-1 低压电池系统故障

2. 故障分析

根据故障现象分析，该车可能的故障原因为辅助蓄电池故障、高压电控总成故障、低压线路故障等。

（1）辅助蓄电池故障

比亚迪 e5 汽车所使用的辅助蓄电池是磷酸铁锂离子电池，简称磷酸铁锂电池，是用磷酸铁锂（$LiFePO_4$）材料作电池正极的锂离子电池。

磷酸铁锂电池的内部结构如图 3-1-2 所示。左边是橄榄石结构的 $LiFePO_4$ 作为电池的正极，由铝箔与电池正极连接；中间是聚合物隔膜，它把正极与负极隔开，使锂离子（Li+）可以通过，而电子（e-）不能通过；右边是由碳（石墨）组成的电池负极，由铜箔与电池的负极连接。电池的上、下端之间是电池的电解质，电池由金属外壳密闭封装。

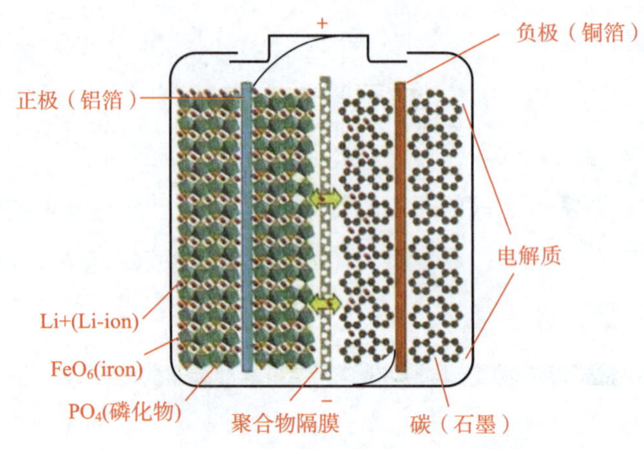

图 3-1-2 磷酸铁锂电池的内部结构

磷酸铁锂电池在充电时，正极中的锂离子（Li+）通过聚合物隔膜向负极迁移；在放电过程中，负极中的锂离子（Li+）通过聚合物隔膜向正极迁移。锂离子电池就是因锂离子在充、放电时来回迁移而命名的。

单体磷酸铁锂电池的使用寿命超过 2 000 次，但电池组的寿命会大打折扣，可能只有 500 次。因为电池组由大量单体电池串、并联而成，所以电池组的整体寿命取决于使用寿命最短的那颗电池。

在电池的日常使用过程中，电池本身会出现各种故障，外部故障有容器或盖子产生裂纹、电桩腐蚀等；内部故障有极板硫化、极板活性物质脱落、自行放电、极板间短路和极板弯曲等。

该电池内部包含电池管理器，能监测电池的电压、电流和温度，电池管理器与整车控制模块进行相互通信。如果检测到锂离子电池的异常状态会触发故障报警功能，使仪表盘上的故障指示灯点亮，同时显示信息“请检查低压电池系统”。

（2）高压电控总成故障

比亚迪 e5 汽车的 DC/DC 变换器集成在高压电控总成中，当铁电池（辅助蓄电池）电量偏低时，控制充电继电器吸合并同时发出智能充电请求给动力蓄电池 BMS，动力蓄电池 BMS 监测条件满足智能充电允许后，控制高压配电箱主吸合器工作，并通过 DC/DC 变换器放电给辅助蓄电池充电；辅助蓄电池 BMS 监测已进入智能充电模式后发送状态报文给仪表做相应提醒，满足退出条件时辅助蓄电池将做相应控制策略退出此模式。高压电控总成内部控制电路如图 3-1-3 所示。

当 DC/DC 变换器高压输入端或 DC/DC 变换器本身出现异常不能正常工作时，便会触发故障报警功能，使仪表盘上的故障指示灯点亮，同时显示信息“请检查低压电池系统”。

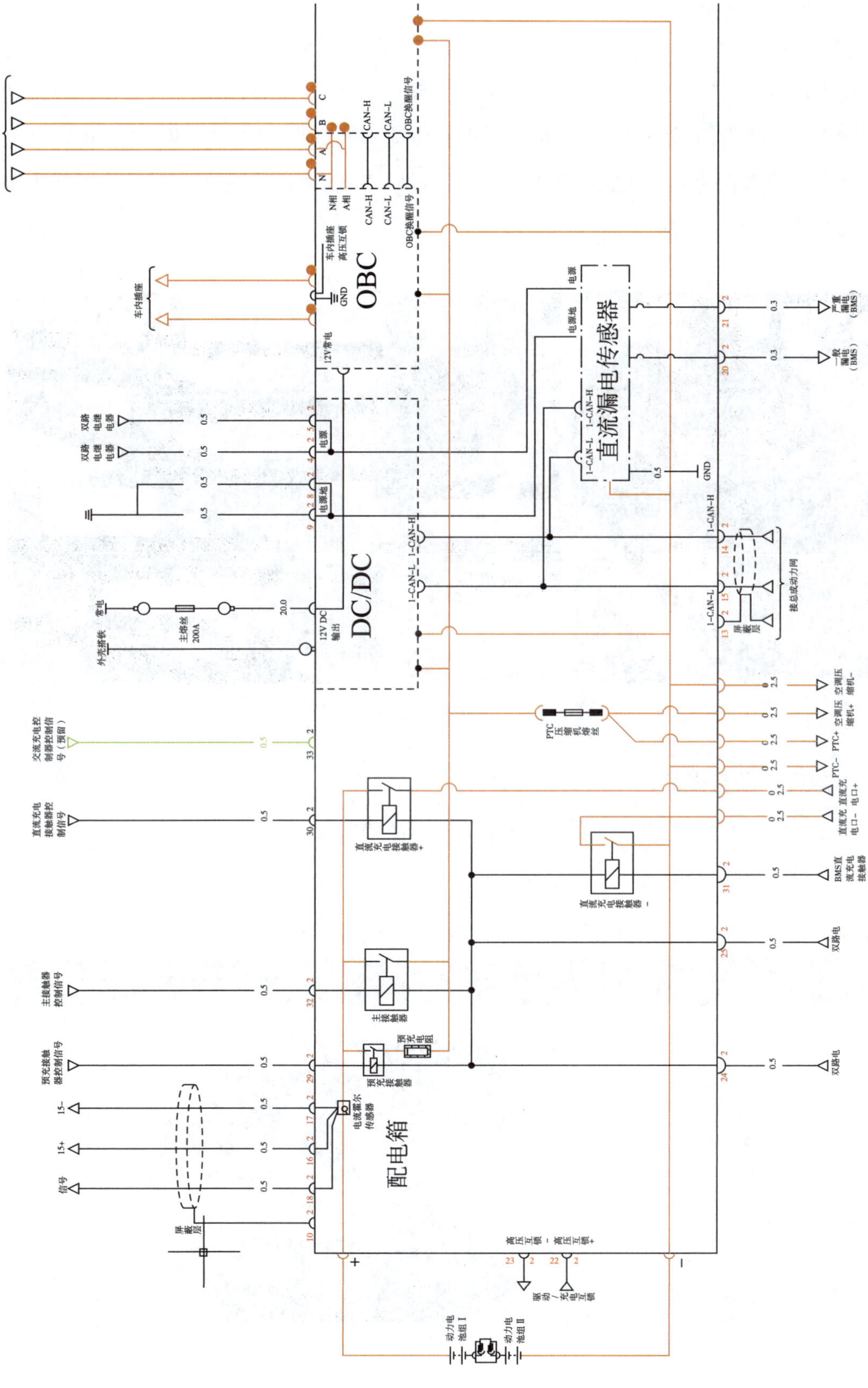

图 3-1-3 高压电控总成内部控制电路图

（3）低压线路故障

在 DC/DC 变换器正常工作时，将高压直流电转换为低压直流电，通过高压电控总成的输出端输送到正极熔丝盒，如图 3-1-4 所示，直接与辅助蓄电池正极相连，给辅助蓄电池充电。当低压线路出现问题时，辅助蓄电池不能进行充电，辅助蓄电池电压过低便会触发故障报警功能，使仪表盘上的故障指示灯点亮，同时显示信息“请检查低压电池系统”。

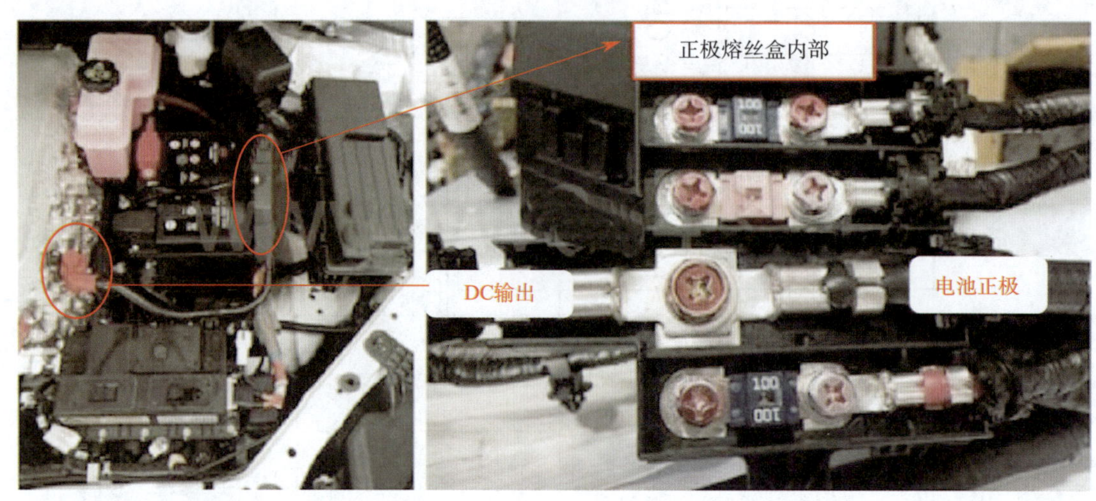

图 3-1-4　低压充电系统连接图

3. 故障诊断与排除

根据对故障可能原因的分析，结合实际车辆故障现象，进行故障诊断与排除。低压系统无法充电故障诊断与排除步骤见表 3-1-1。

表 3-1-1　　低压系统无法充电故障诊断与排除步骤

操作步骤	图片
1. 测量辅助蓄电池电压为 0 V，判断辅助蓄电池亏电，已进入超低功耗模式	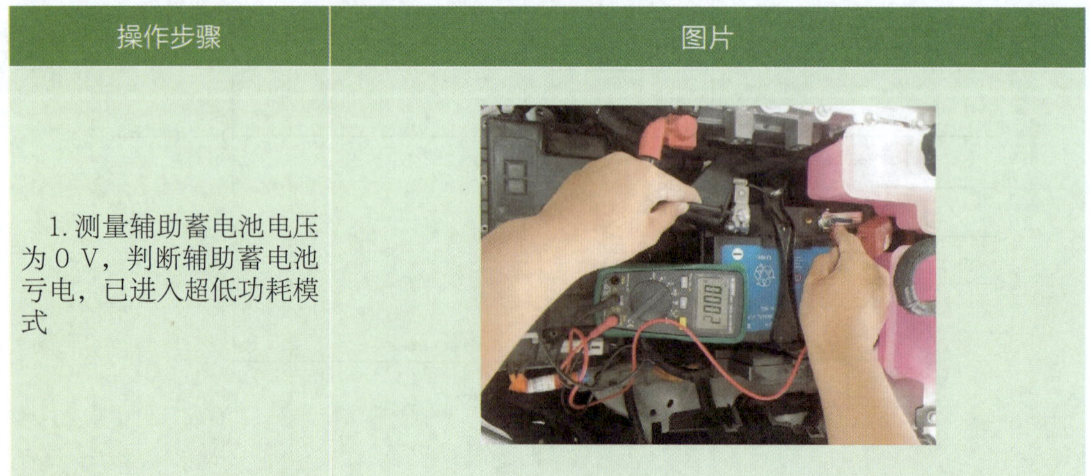

续表

操作步骤	图片
2. 按住前门微动开关进行手动唤醒，再次测量辅助蓄电池正、负极电压为 12 V（>7.5 V）	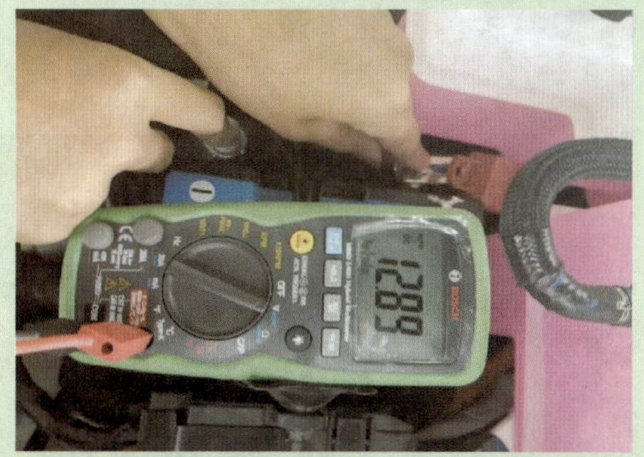
3. 并联辅助蓄电池启动车辆，仪表盘上充电故障指示灯点亮，提示信息“请检查充电系统，请检查低压电池系统”	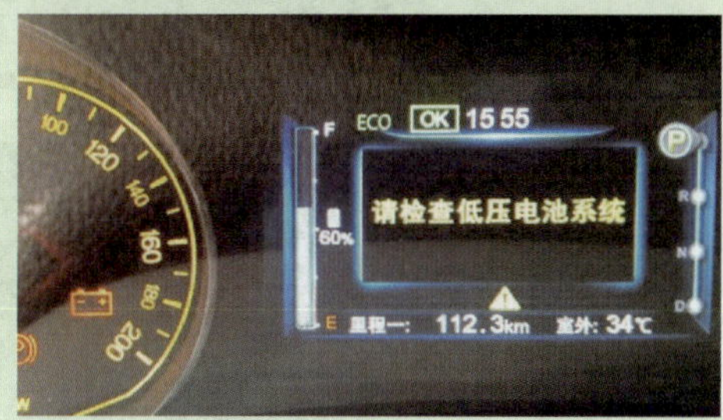
4. 上 OK 电时，用 VDS 解码仪读取系统故障码，分别是“降压时低压侧电压过低”和“降压时硬件故障”，说明故障点存在降压过程	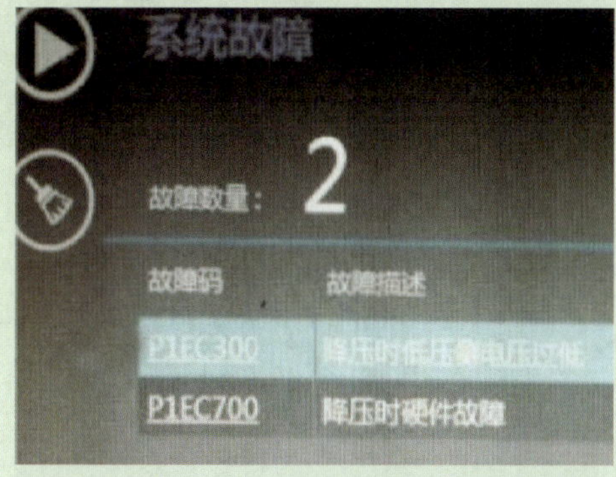
5. 读取电池模组数据流正常，读取 DC/DC 变换器系统数据显示“DC 不工作”，此时测量高压电控总成（DC/DC 变换器）低压输出端电压为 11.3 V，电压远低于 13.8 V	

续表

操作步骤	图片
6. 判断 DC/DC 变换器不工作导致低压电池馈电，更换高压电控总成后故障排除（因高压电控总成不可拆卸，所以只能更换高压电控总成）	
7. 更换高压电控总成	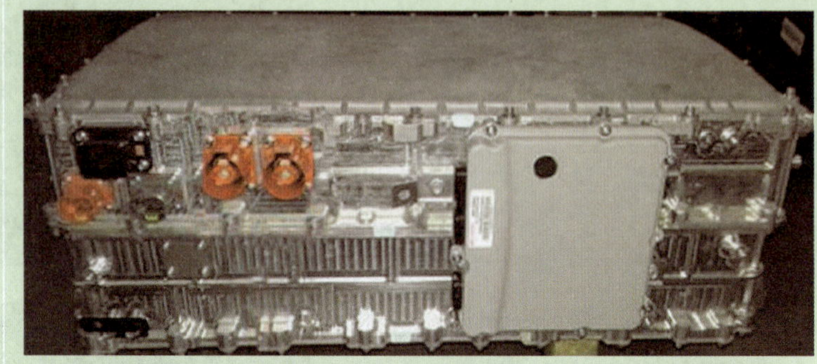
8. 更换高压电控总成后系统工作正常	
注意：更换高压电控总成时，需要对新旧控制器进行密码清除和防盗编程	

4. 故障总结

本次故障诊断主要通过读取系统故障码直接锁定故障点，然后通过验证 DC/DC 变换器的输出电压确定故障在 DC/DC 变换器，更换高压电控总成后故障排除。

车辆行驶过程中，DC/DC 变换器与辅助蓄电池并联给整车低压电器供电，当辅助蓄电池单节电压过低时会由 DC/DC 变换器将电池包的高压电降压给辅助蓄电池充电。当 DC/DC 变换器故障时，辅助蓄电池得不到充电；当辅助蓄电池单节电压低压为 3.1 V 时，会进入超低功耗模式。正常的 DC/DC 变换器输出电压为 13.8 V 左右。

二、充电指示灯异常、无法充电故障的诊断与排除

1. 故障现象

某车主反映一辆 2017 款比亚迪 e5 纯电动汽车在插上充电枪后，仪表显示充电界面

但无充电功率，并且充电连接指示灯不亮，车辆无法进行交流充电。

2. 故障分析

根据故障现象，可能的故障原因为充电枪故障、充电接触器故障、充电口到 VTOG 的高压线束故障、VTOG 到电池管理器的低压线束故障、VTOG 到 BCM 的低压线束故障等。

如图 3-1-5 所示，分析比亚迪 e5 汽车交流充电系统工作原理，当充电枪插到充电口之后，VTOG 会通过 CP 线接收到充电确认信号，通过 CC 线检测充电连接信号，如图 3-1-6 所示。

当检测到这两个信号之后，VTOG 会发送充电连接信号到 BMS（电池管理系统）和 BCM（车身控制器），由 BCM 控制双路电继电器工作，双路电唤醒 DC/DC 变换器、BMS、网关以及组合仪表，如图 3-1-7 所示。

而 BMS 在被唤醒之后检测 VTOG 发送的充电连接信号，然后控制分压接触器、正极接触器、负极接触器、预充接触器、交流充电接触器工作，实现外部电源对车辆的交流充电。

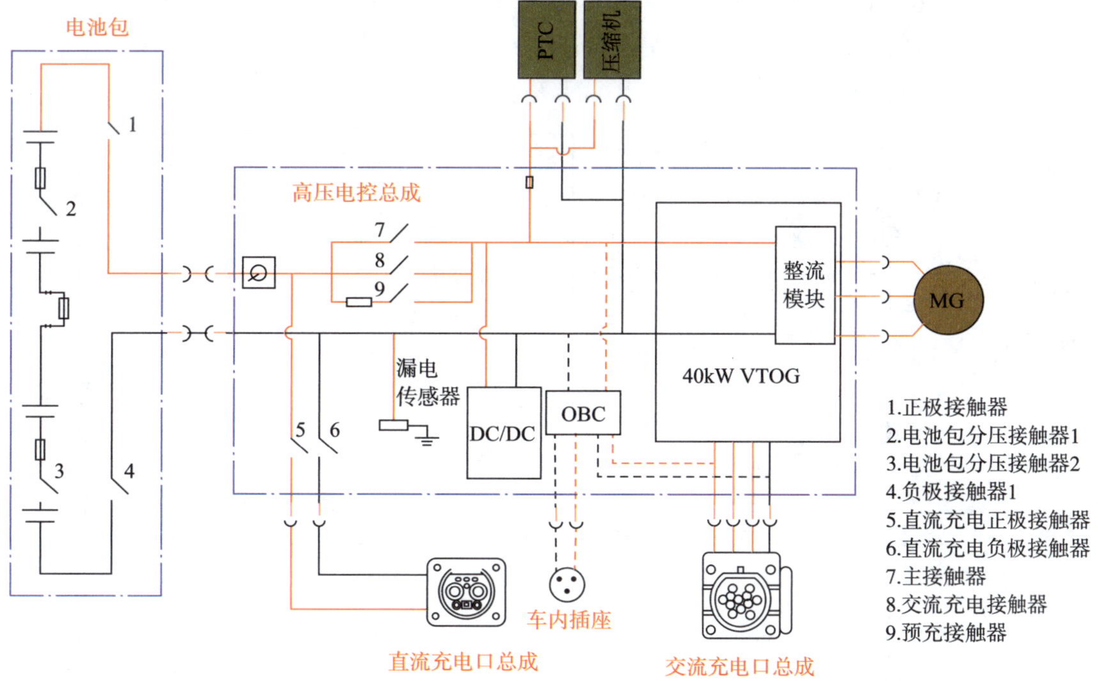

图 3-1-5 比亚迪 e5 汽车交流充电系统工作原理

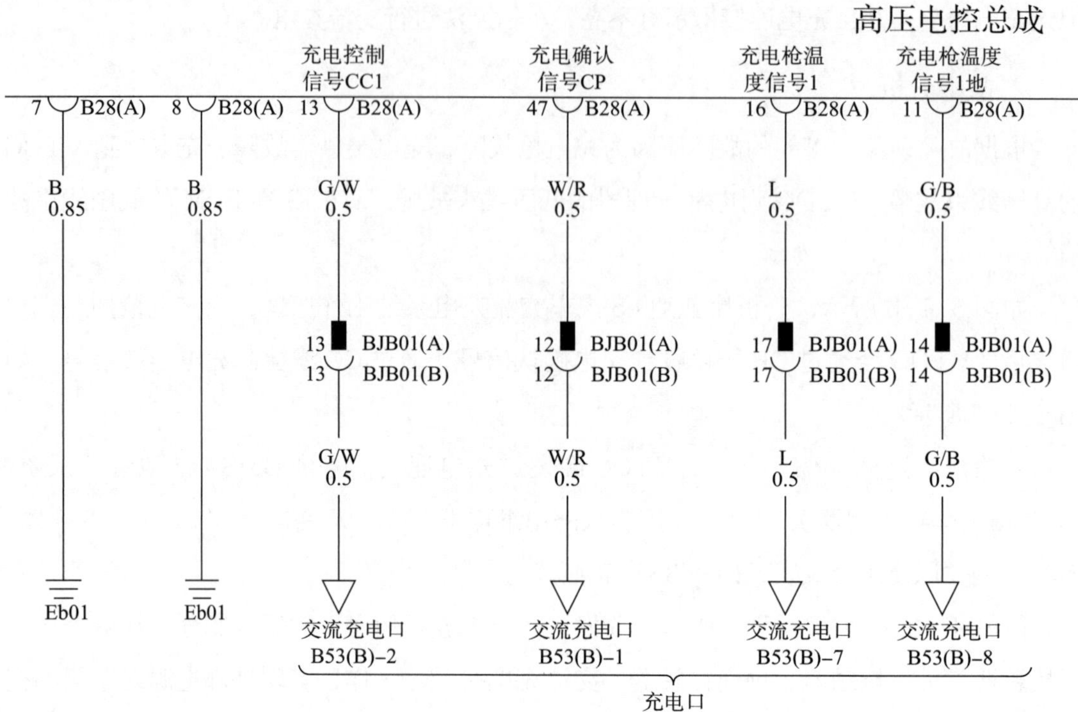

图 3-1-6　充电连接 CC、CP 电路

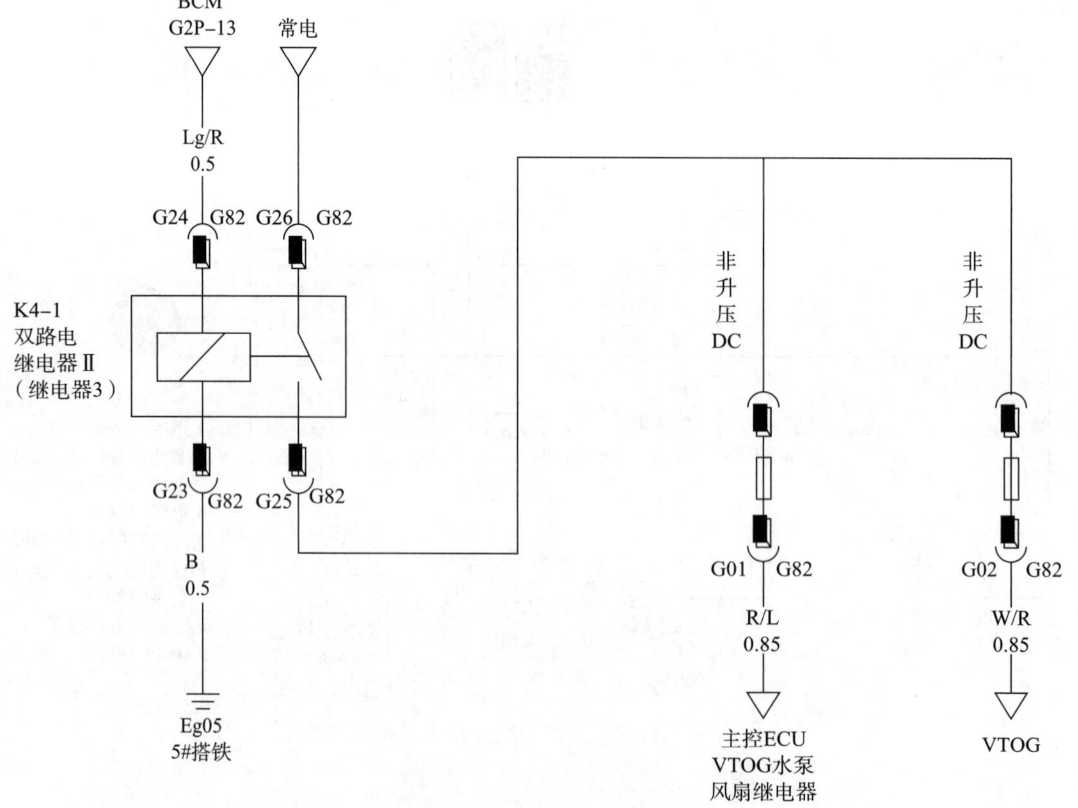

图 3-1-7　双路电工作电路图

3. 故障诊断与排除

根据对故障可能原因的分析，结合实际车辆故障现象，进行故障诊断与排除。充电指示灯异常、无法充电故障诊断与排除步骤见表 3-1-2。

表 3-1-2　充电指示灯异常、无法充电故障诊断与排除步骤

操作步骤	图片
1. 验证故障现象，发现情况基本属实	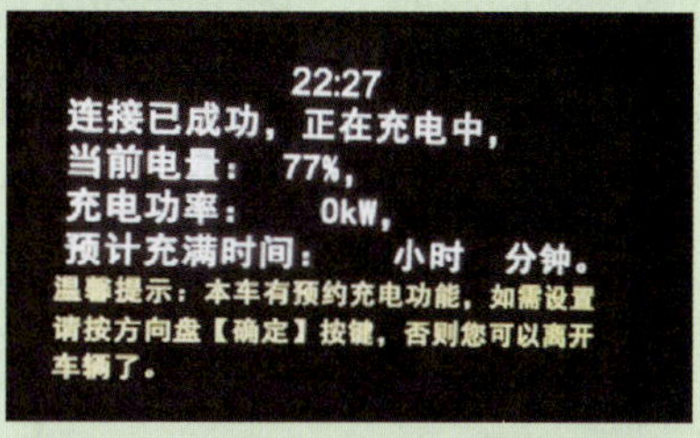
2. 通过检查发现充电枪、充电口的外观、充电线束及其他相关低压线束的外观与连接均正常	
3. 检查蓄电池电压为 13.98 V，在正常范围内	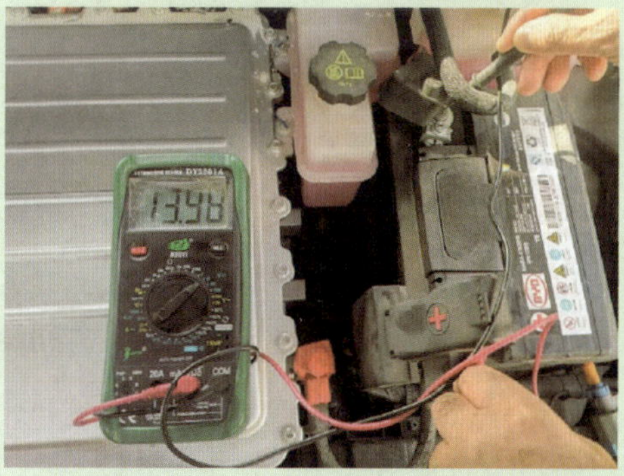
4. 在插有充电枪的状态下使用诊断仪读取系统故障码，发现无故障码	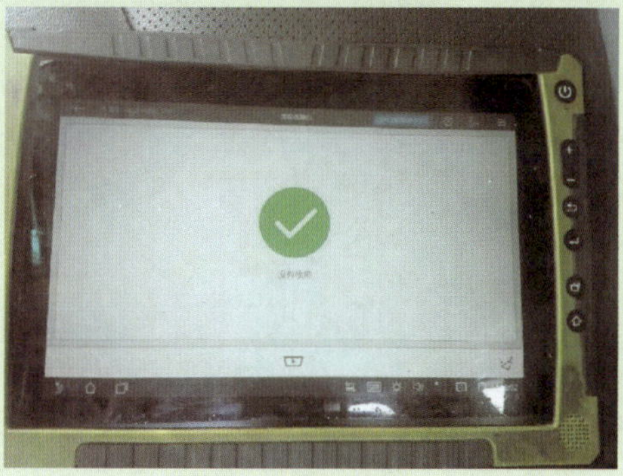

续表

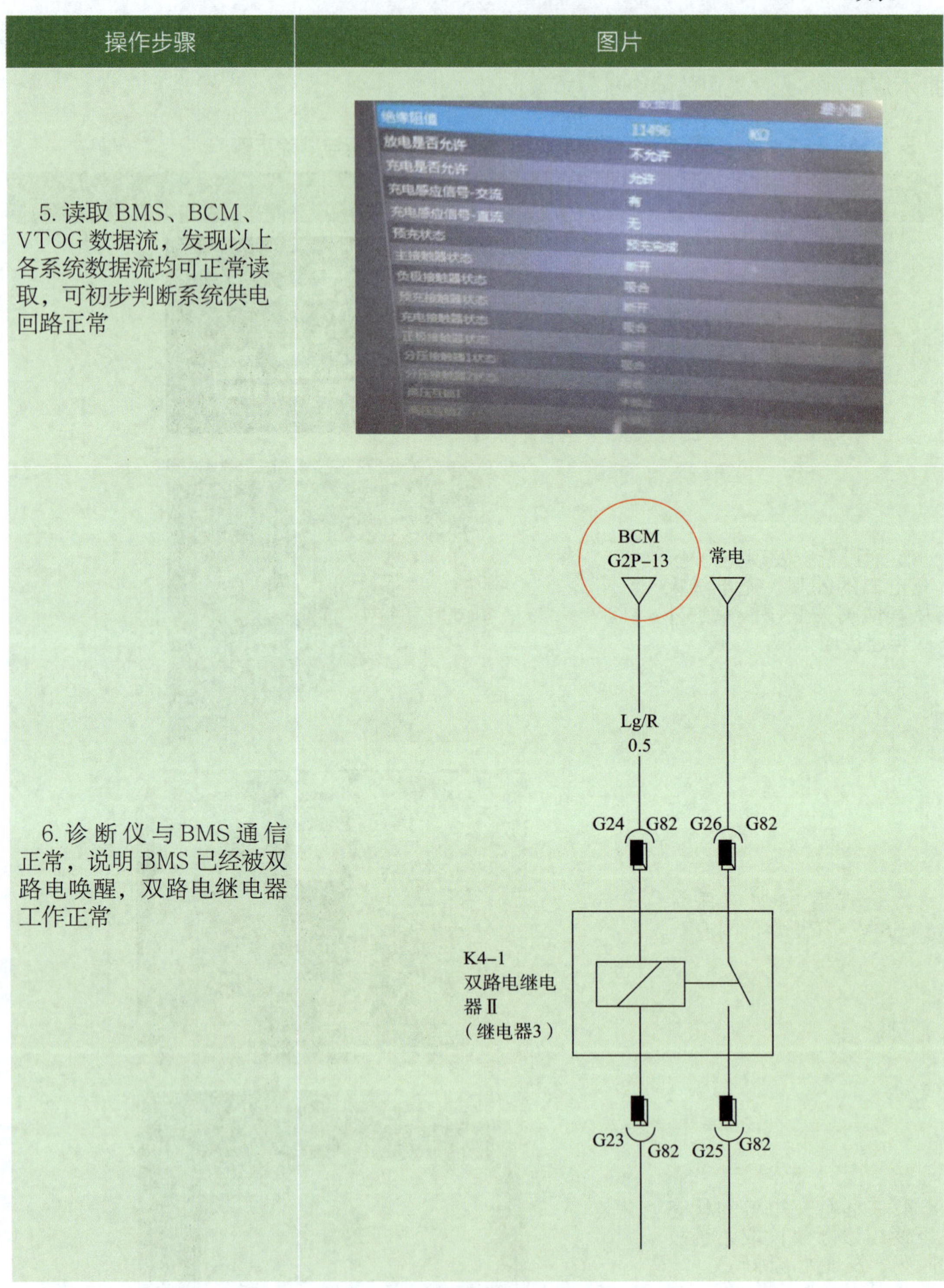

操作步骤	图片
5. 读取 BMS、BCM、VTOG 数据流，发现以上各系统数据流均可正常读取，可初步判断系统供电回路正常	
6. 诊断仪与 BMS 通信正常，说明 BMS 已经被双路电唤醒，双路电继电器工作正常	

续表

操作步骤	图片
7. 双路电继电器的工作是由BCM控制的，说明BCM工作正常	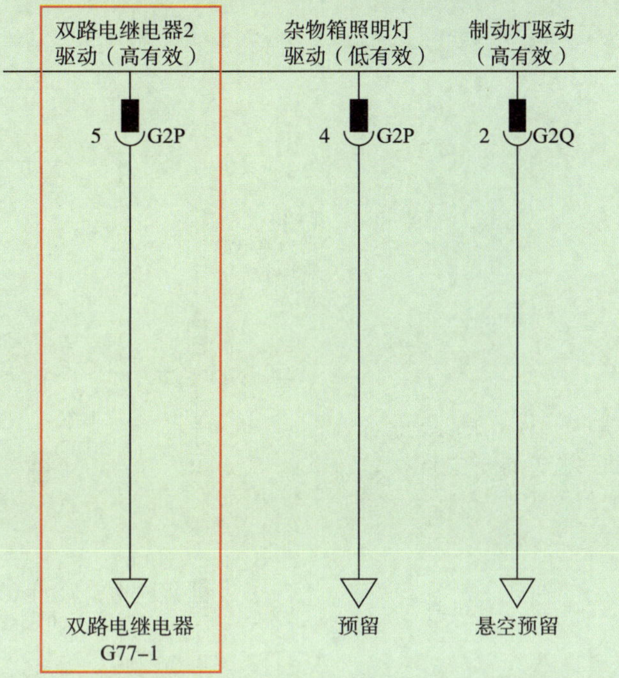
8. BCM在接收到VTOG发送的充电连接信号后开始工作，说明VTOG工作正常	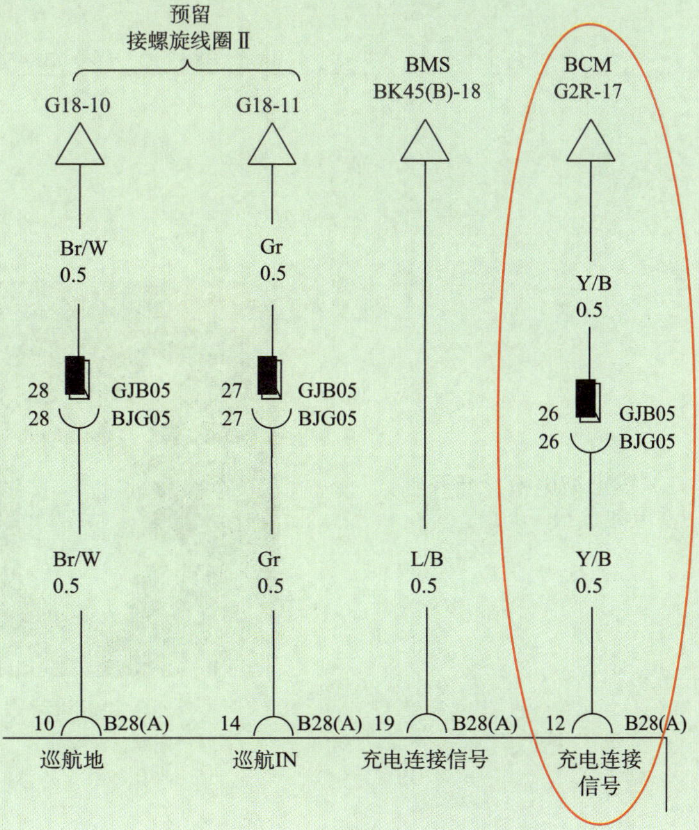

续表

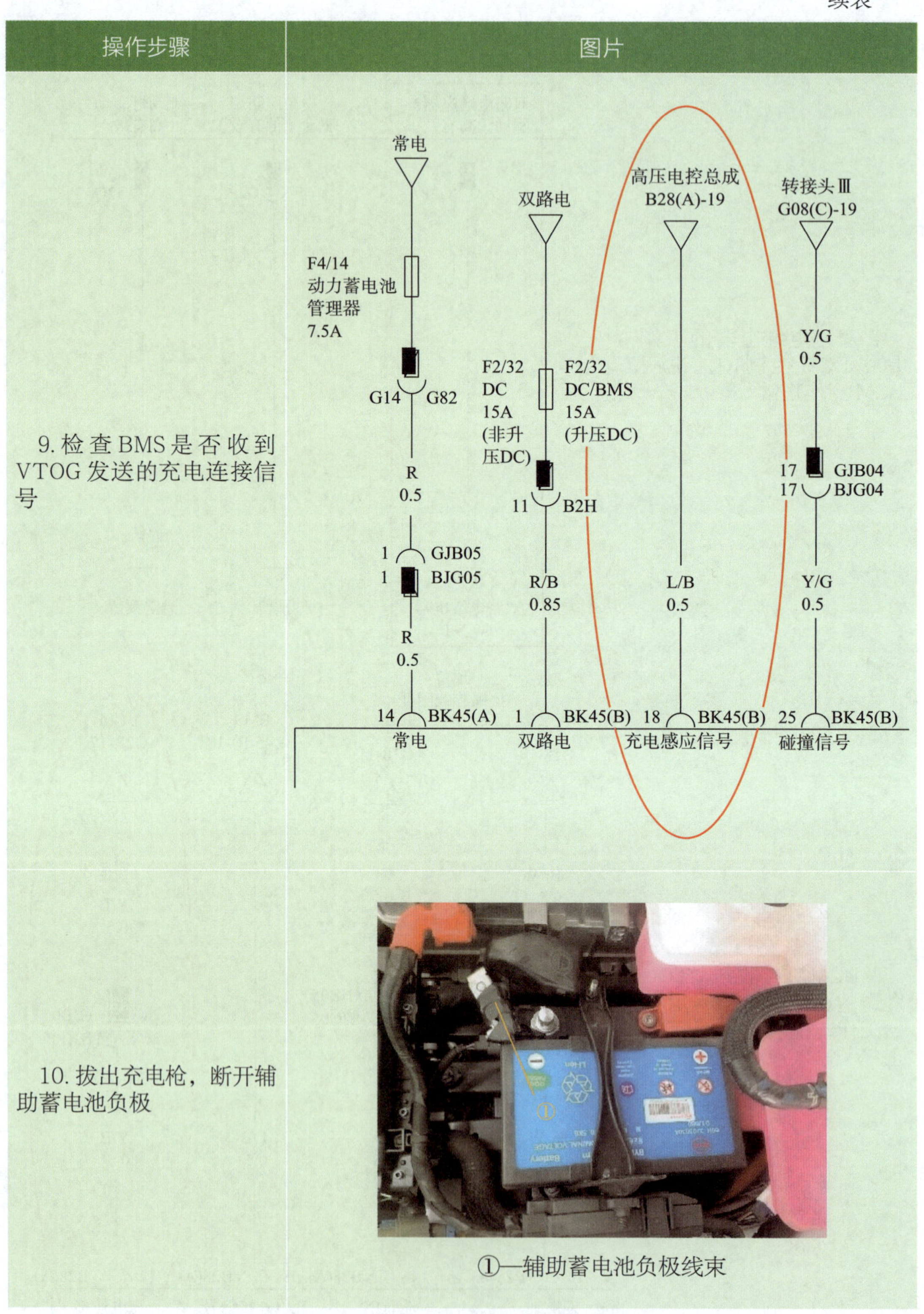

操作步骤	图片
9. 检查BMS是否收到VTOG发送的充电连接信号	（电路图）
10. 拔出充电枪，断开辅助蓄电池负极	①—辅助蓄电池负极线束

续表

操作步骤	图片
11. 拆下高压电控总成的低压 64 针插头进行检查	
12. 检查 19 号针脚到 BMS 的连接状态，发现 19 号针脚有退针情况，可以确定故障是由 VTOG 到 BMS 的充电连接信号线断路引起的	
13. 将退针拆除，更换新针重新插入。将低压插头与高压电控总成紧固好后，连接辅助蓄电池负极，再次进行交流充电。约 30 s 后仪表显示充电指示灯点亮，充电功率为 1 kW，车辆恢复交流充电	

4. 故障总结

本次故障诊断主要通过分析充电系统的工作原理和电路图锁定故障点，然后通过验证 BMS 与 VTOG 之间的通信故障，恢复它们之间的通信线路后故障排除。

在未收到 VTOG 发送的充电连接信号时，BMS 不会对分压接触器、正极接触器、负极接触器、预充接触器、交流充电接触器发出控制命令，高压电控总成 64 针插头 19 号针脚恰好是 VTOG 到 BMS 的充电连接信号线。当 VTOG 到 BMS 的充电连接信号线断路时，BMS 没有接收到充电连接信号，也就没有控制相应的接触器闭合，同时就没有控制仪表盘上的充电连接指示灯点亮。

将退针拆除，更换新针重新插入。将低压插头与高压电控总成紧固好后，连接蓄电池负极，再次进行交流充电。考虑到维修成本问题，可以通过拆除退针更换新针的方式，但是如果再次出现退针情况，就只能更换整条低压线束。

技能实训 6 充电指示灯异常、无法充电故障的诊断与排除

技能实训	充电指示灯异常、无法充电故障的诊断与排除	日期		成绩	
学生姓名		学号		班级	

一、实训目标

1. 了解充电系统的结构及工作原理。
2. 掌握充电系统简单故障诊断与排除方法。
3. 能正确分析充电系统简单故障及其原因。
4. 能诊断与排除充电系统简单故障。

二、实训器材

查阅相关资料，写出下列实训器材的名称及用途。

外形	名称	用途
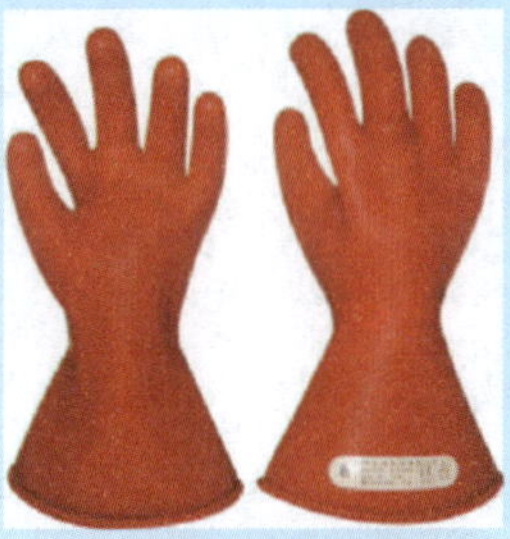		

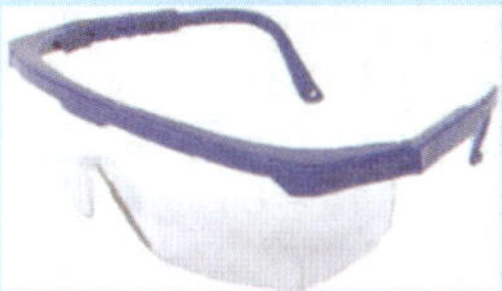		

续表

外形	名称	用途

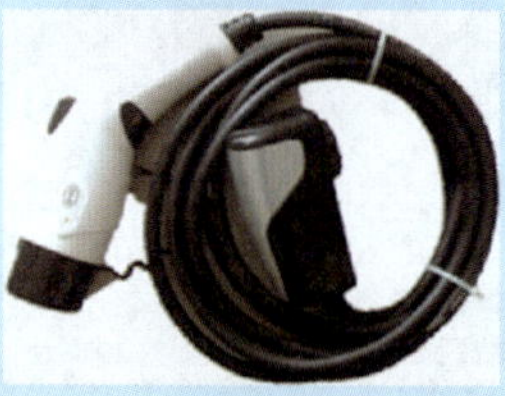		

三、实训内容及步骤

1. 作业前准备

准备作业工具及设备，检查工作场地和设备设施是否清洁，是否存在安全隐患，如不正常应汇报给实训教师。

检查项目	检查内容
安全防护用品	
作业工具	
实训设备设施	
辅助资料	

2. 故障原因分析

分析充电指示灯异常、无法充电故障原因，补全下列鱼骨图。

3. 故障诊断与排除流程

编写充电指示灯异常、无法充电故障的诊断与排除流程，填写下表。

序号	诊断与排除流程

4. 小组分工

分工	组员	分工	组员
操作员		记录员	
监护员		展示员	

5. 安全注意事项

查阅相关资料，填写下表。

序号	注意事项

6. 故障诊断与排除步骤

通过相关知识的学习，填写下表。

序号	图片	操作步骤
1	22:27 连接已成功，正在充电中， 当前电量： 77%， 充电功率： 0kW， 预计充满时间： 小时 分钟。 温馨提示：本车有预约充电功能，如需设置请按方向盘【确定】按键，否则您可以离开车辆了。	
2		

续表

序号	图片	操作步骤
3		
4		在插有充电枪的状态下使用诊断仪读取系统故障码，发现无故障码
5		读取BMS、BCM、VTOG数据流，发现以上各系统数据流均可正常读取，可初步判断系统供电回路正常
6		诊断仪与BMS通信正常，说明BMS已经被双路电唤醒，双路电继电器工作正常

续表

序号	图片	操作步骤
7		双路电继电器的工作是由 BCM 控制的，说明 BCM 工作正常
8		BCM 在接收到 VTOG 发送的充电连接信号后开始工作，说明 VTOG 工作正常
9		检查 BMS 是否收到 VTOG 发送的充电连接信号
10		拔出充电枪，断开辅助蓄电池负极

续表

序号	图片	操作步骤
11		拆下高压电控总成的低压 64 针插头进行检查
12		
13	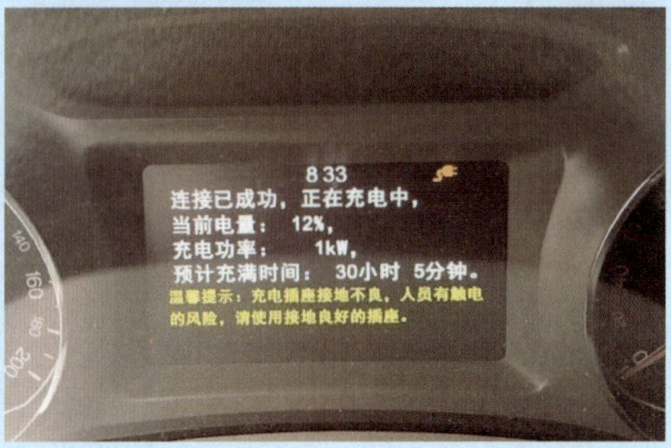	

四、检验与评估

1. 小组互评

小组选派代表进行成果展示，其余小组根据展示和阐述进行评价，并记录评价结果。

序号	评价标准	评价结果
1	任务目标制定是否合理	
2	任务过程表述是否清晰	

续表

序号	评价标准	评价结果
3	任务结果是否符合实际情况	
4	任务计划是否切实、有效执行	
5	任务体会是否深刻	
综合评价		

2. 组内互评

每个成员对组员的表现进行打分，并填写下表。

组长：________　　组号：________

序号	1	2	3	4	5	6
姓名						
分工						
评价						

注：评价采用 5 分制。

3. 自我反思和评价

根据个人在课堂上的实际表现，填写下表。

自我反思	
自我评价	

五、实训考核

考核标准表

项目	评分标准	分值	得分
工作任务接收	能正确接收并理解工作任务及要求	10	
资料收集	熟知纯电动汽车充电系统的工作原理，以及充电指示灯异常、无法充电故障的诊断与排除方法	10	
计划制订	能按规范作业要求，制订完成任务的计划，写出充电指示灯异常、无法充电故障的诊断与排除步骤	15	
计划实施	充电系统的检测	15	
	充电系统的拆装	15	
	充电系统简单故障的诊断与排除	15	
质量检查	任务完成良好，操作过程规范	10	
评价反馈	能根据自身及组员表现进行客观评价	5	
	能在任务实施过程中发现自身及组员的问题	5	
合计		100	

课题二 | 充电系统综合故障的诊断与排除

学习目标

1. 掌握充电系统综合故障的故障原因。
2. 了解充电系统综合故障的分析方法。
3. 能对直流充电系统综合故障进行检修。
4. 能对交流充电系统综合故障进行检修。

任务描述：

某客户的比亚迪新能源纯电动汽车在进行充电时，发现车辆不能充电，该客户将车辆开到4S店进行诊断与维修。维修人员小张确认故障信息后，发现该车装有交流充电系统和直流充电系统，车辆连接充电器系统显示未进行充电。想一想，小张该如何进行故障检测与维修呢？

任务分析：

该车型同时提供交流充电系统和直流充电系统两种充电方式，客户可以利用多种充电装置为车辆进行充电。交流充电系统通过交流充电桩或车载充电机进行充电，将交流电源调整为校准的电压或电流，为汽车动力蓄电池等储能装置提供电能。直流充电系统通过直流充电桩直接向动力蓄电池充电，根据动力蓄电池需要的电压或电流，在充电桩内部直接转换成动力蓄电池所需要的直流电为其提供电能。

相关理论

一、充电系统无反应、无法充电故障的诊断与排除

1. 故障现象

车主反映其车辆在直流充电桩无法充电，显示“充电启动未能成功”，尝试更换多个

充电桩还是无法充电；但使用交流充电桩可以进行充电。

2. 故障分析

根据故障现象分析，可能的故障原因为直流充电口故障、直流充电低压通信线路故障、电池管理器故障或者控制直流充电的低压线路故障。

通过测试，插入充电枪后仪表盘上只有充电连接指示灯亮，再无其他充电的相关信息，充电桩上显示“充电启动未能成功”。但使用交流充电桩可以进行充电，由此可以暂时确定电池管理器能正常工作，故障应该在直流充电过程涉及的元器件或者线束部位。

（1）直流充电口故障

充电口作为车辆充电系统与充电桩对接的接口，在正常使用时，插拔过程中充电口端子存在摩擦，为易损件；在不正常使用时，如使用不规范的充电枪等则会严重缩短其使用寿命。

充电口的外观检查如图 3-2-1 所示。目视检查充电口塑料绝缘壳体外观有无热熔变形或脱落，严重热熔变形影响正常使用的充电枪需要及时更换；目视检查充电口端子内部有无灰尘或其他异物，有异物无法排出影响正常使用的充电枪需及时更换；目视检查充电口端子簧片及底部有无变黄，微黄可以继续使用，若为暗黄则需更换（此条不适用于镀金端子充电口）；目视检查充电口端子簧片及底部有无变黑，变黑的需要更换；目视检查端子簧片有无断裂，断裂的需要更换。

壳体热熔变形，需更换

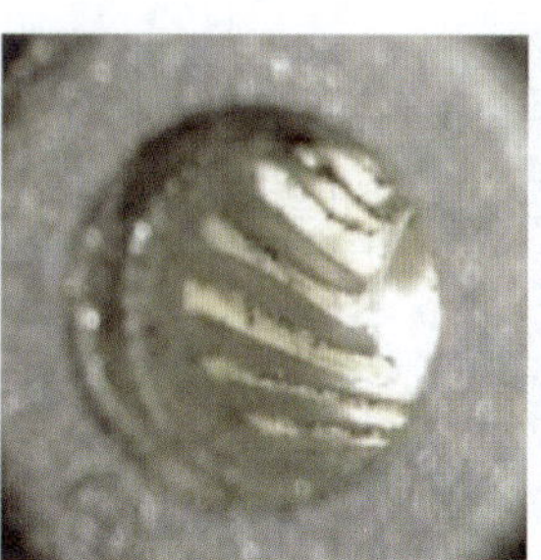

端子内有异物，需要清理

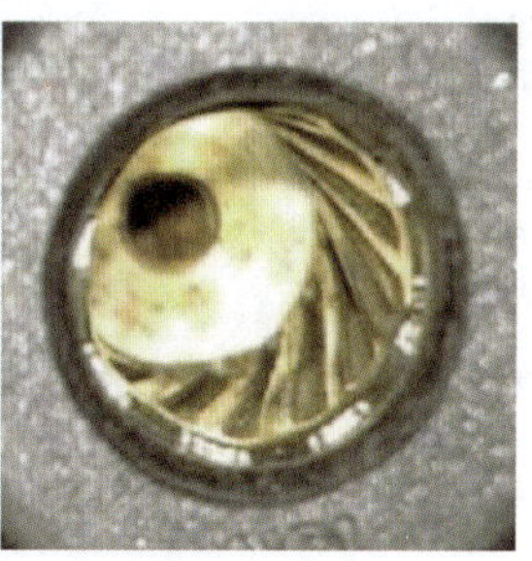

端子微黄，不更换

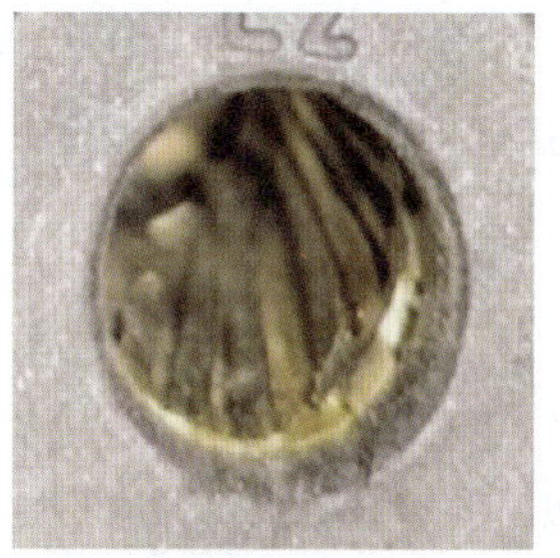

端子暗黄，需更换

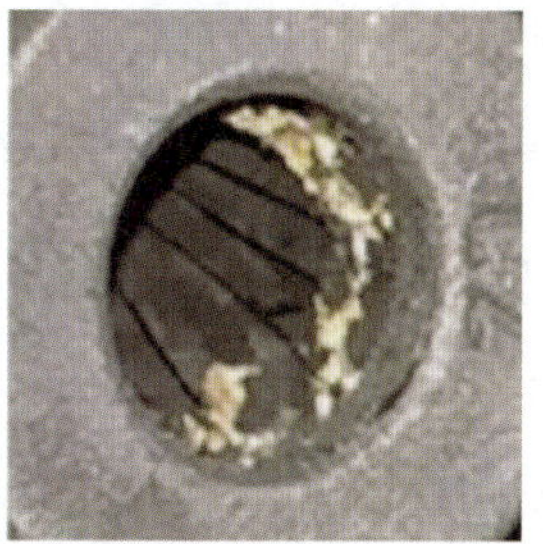

端子簧片断裂，需更换

图 3-2-1 充电口的外观检查

（2）直流充电低压通信线路故障

直流充电口端子名称及其含义如图 3-2-2 所示。直流充电口的通信端子 CC1 和 CC2 的功能如下：

CC1：充电桩确认充电枪是否插好（充电口端电阻为 1 000 Ω）。

CC2：车辆确认充电枪是否插好（充电枪端电阻为 1 000 Ω）。

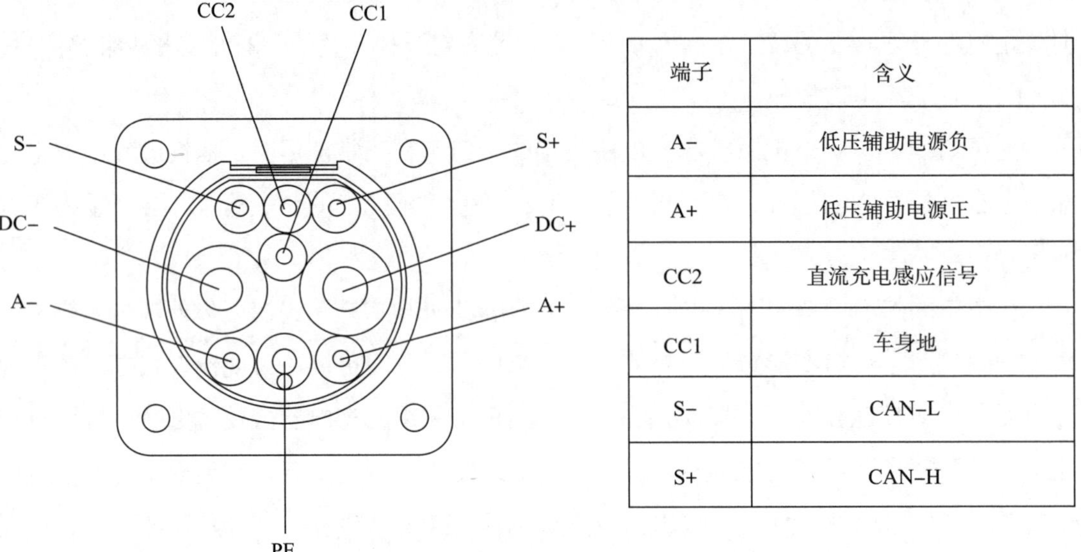

端子	含义
A–	低压辅助电源负
A+	低压辅助电源正
CC2	直流充电感应信号
CC1	车身地
S–	CAN–L
S+	CAN–H

图 3-2-2　直流充电口端子名称及其含义

由于故障车辆仪表盘上有点亮的充电连接指示灯，充电桩上显示“充电启动未能成功”，说明充电口 CC1 端子和 CC2 端子正常，所以将故障定位于充电过程中的 CAN 线信息交互失败上。

直流充电信号确认过程为：CC1→充电桩输出低压电源→BMS 得电→CC2→CAN 通信→充电桩输出高压电。

直流充电系统的 CAN 通信为充电口 S–、S+ 端子到电源管理器 BK45（B）–20、BK45（B）–14 号针脚，如图 3-2-3 所示。前舱线束 BJB01（A）、BJB01（B）接插件位于仪表盘后侧内部接线盒，B53（A）接插件位于前保险杠内侧，如图 3-2-4 所示。

3. 故障诊断与排除

根据对故障可能原因的分析，结合实际车辆故障现象，进行故障诊断与排除。充电系统无反应、无法充电故障诊断与排除步骤见表 3-2-1。

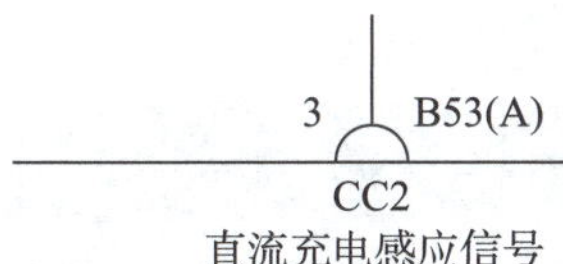

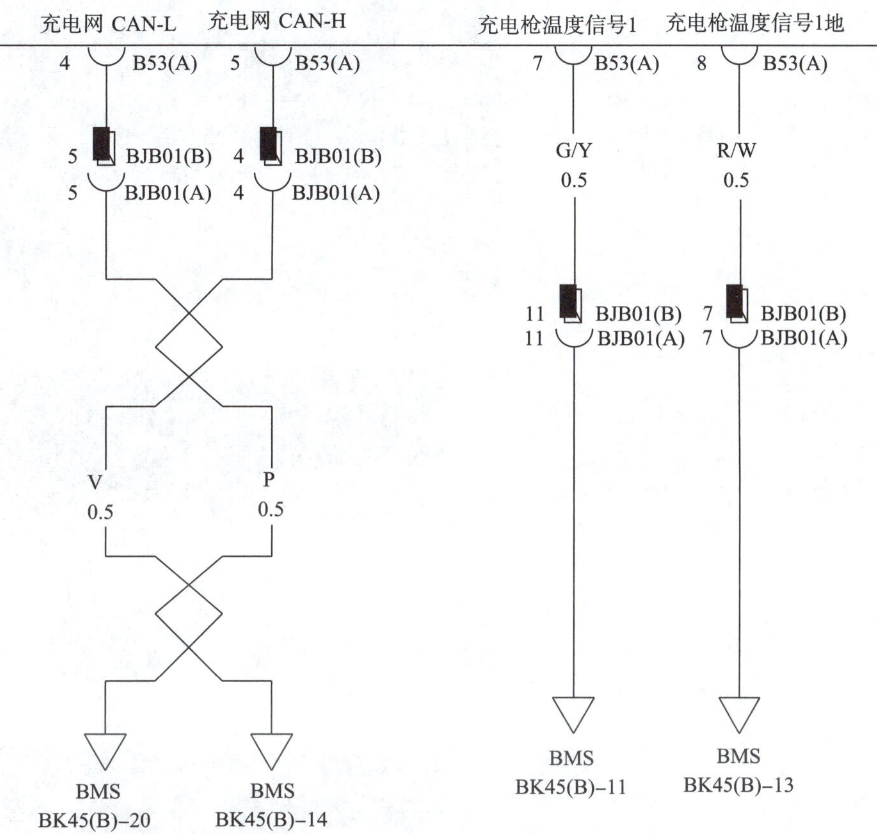

图 3-2-3 直流充电系统低压通信线路

图 3-2-4 直流充电系统低压接插件 B53（A）

表 3-2-1　　充电系统无反应、无法充电故障诊断与排除步骤

操作步骤	图片
1. 验证故障现象，发现情况基本属实，仪表只有充电连接指示灯点亮，再无其他充电的相关信息	
2. 插上充电枪充电，测量电池管理器 BK45（B）接插件的 14 号针脚电压，无电压	
3. 测量电池管理器 BK45（B）接插件的 20 号针脚电压，为 2.54 V	
4. 测量电池管理器 BK45（B）接插件的 14 号针脚到充电口 S- 端子不导通	

续表

操作步骤	图片
5. 测量电池管理器 BK45（B）接插件的 20 号针脚到充电口 S+ 端子导通正常	
6. 测量充电口 S- 端子和 S+ 端子到前舱线束 BJB01（B）接插件的 4 号针脚和 5 号针脚都导通正常，说明充电口正常	
7. 测量前舱线束 BJB01（A）-5 号针脚到电池管理器 BK45（B）-20 号针脚导通正常	

续表

操作步骤	图片
8. 测量 BJB01（A）-4 号针脚和电池管理器 BK45（B）-14 号针脚不导通，因此，故障由该线束断路导致	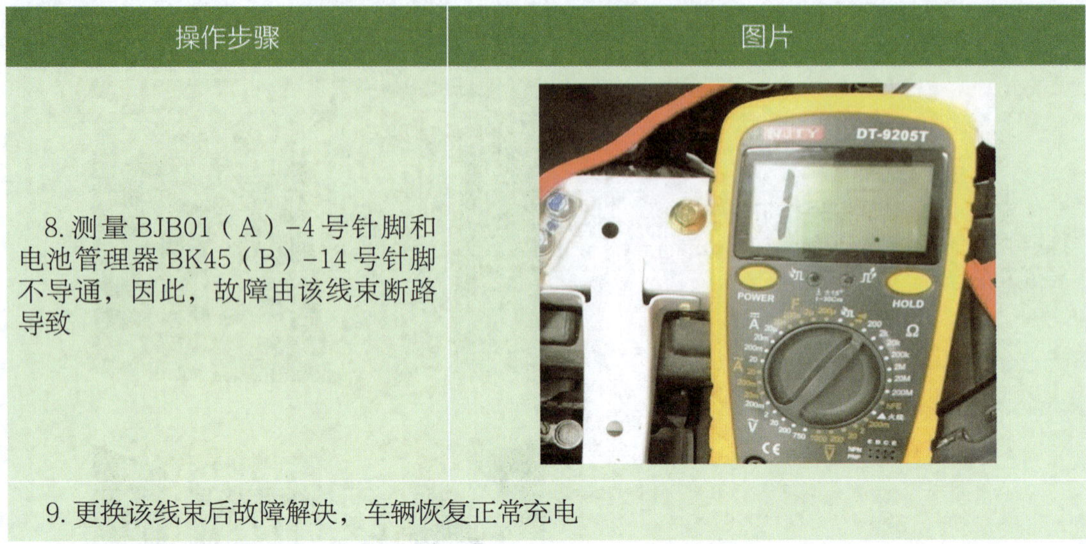
9. 更换该线束后故障解决，车辆恢复正常充电	

4. 故障总结

本次故障维修需要掌握整个直流充电的流程才能在故障排除过程中做出正确的判断。

直流充电的流程分析：插充电枪后，充电桩检测到 CC1 的 1 kΩ 电阻，确认充电枪已插好，直流充电桩控制吸合直流充电继电器，电池管理器得到双路电可以工作；车辆检测到 CC2 的 1 kΩ 电阻后确认充电桩连接正常，电池管理器控制点亮仪表充电连接指示灯并与直流充电桩进行 CAN 通信，通信无异常后，直流充电桩输出高压电为车辆充电。

根据直流充电流程，该车辆电池管理器已经控制点亮仪表盘上的充电连接指示灯，说明 CC1、CC2 已经完成，判断为 CAN 通信未完成，怀疑是因为 CAN 线路或充电口故障导致。

在维修新能源汽车时经常会遇到故障码“U02A200”，其故障为：与主动泄放模块通信故障。该故障码的形成原因是：每次高压上电不成功或者充电不成功时，电池管理器内就会报“主泄放模块通信故障”，所以维修时不能根据此故障码来确定故障点。

二、充电指示灯正常、无法充电故障的诊断与排除

1. 故障现象

一辆比亚迪 e5 汽车无法进行交流充电，仪表一直显示“充电连接中”，但无充电连接成功信息显示，交流充电无法完成。车辆无其他故障，可以上 OK 电正常行驶。

2. 故障分析

根据故障现象分析，可能的故障原因为交流充电设备故障、交流充电口故障、电池

包及 BMS 故障、高压电控总成故障或者线路故障。

交流充电装置主要包括随车的便携式充电器、壁挂式充电盒以及交流充电桩等，如图 3-2-5 所示。这三种充电装置都可以将交流电源调整为校准的电压或电流，为汽车动力蓄电池等储能装置提供电能。通过选择不同类型的交流充电装置为汽车充电，可以交叉验证随车的交流充电盒或交流充电桩是否损坏。

便携式充电器

壁挂式充电盒

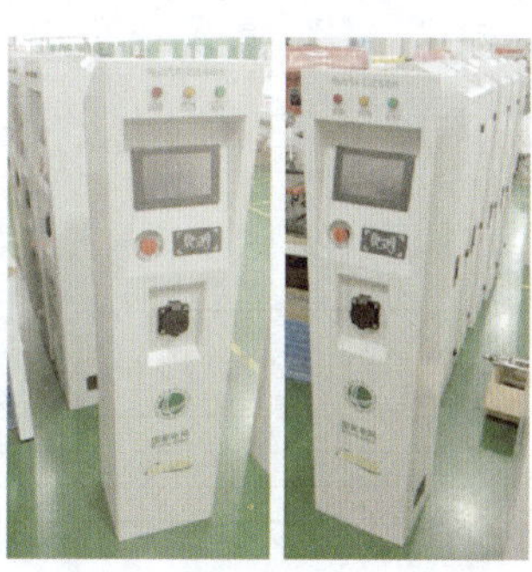

交流充电桩

图 3-2-5 交流充电装置

开始充电时，将充电枪对准对应充电口后再推入；结束充电时，先对充电设备进行必要的操作（如刷卡或设置停止充电），再解锁车辆，然后按下充电枪解锁按键并保持 1～2 s 再拔枪（不要直接或快速拔出充电枪，否则将存在拉弧风险）。

不建议使用的充电枪端口状态如图 3-2-6 所示，此时应该及时前往比亚迪服务店检查或更换。

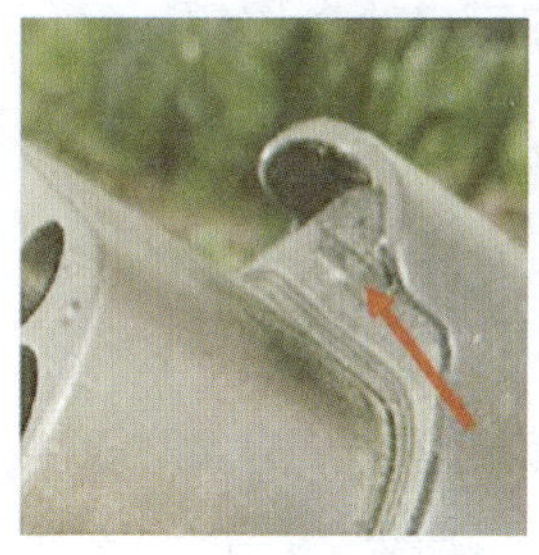

机械锁断裂

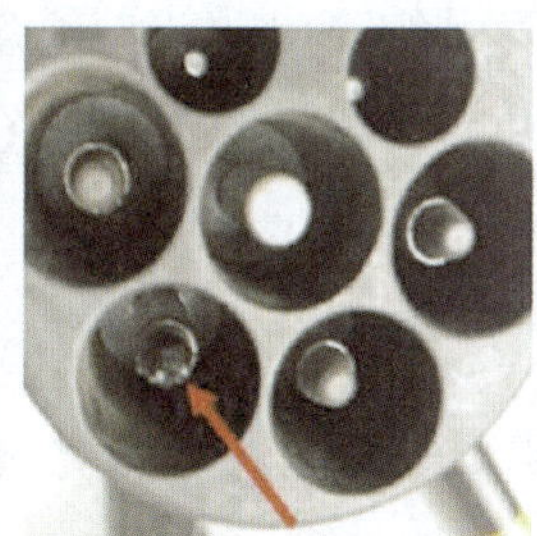

端子防触帽热熔或脱落

插头及端子布满灰尘

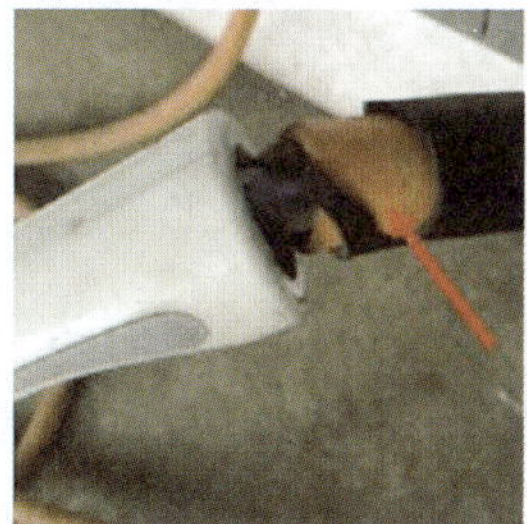

尾部线束松脱无固定

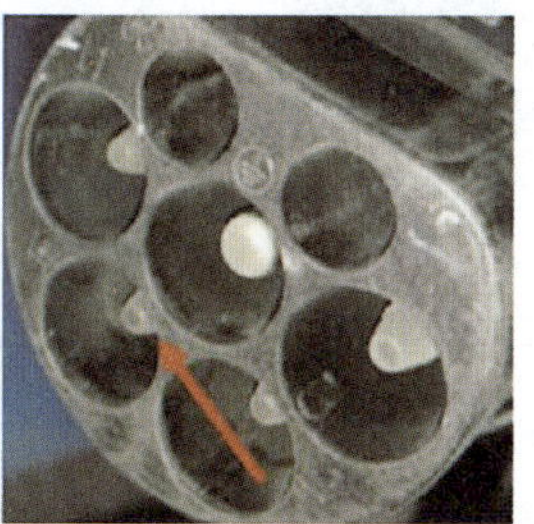

充电枪端子收缩

图 3-2-6 不建议使用的充电枪端口状态

交流充电的控制过程如图 3-2-7 所示，根据工作原理分析，当高压电控总成内充电枪触发单元通过与充电枪连接端子 CC 与端子 PE 检测到充电连接装置内的电阻 RC 后（确定充电连接装置额定容量），拉低充电连接信号，BMS 模块控制车辆低压供电线路 IG3 继电器吸合并给相关部件提供电源；当 BMS 得电后执行充电程序并拉低仪表盘上的充电指示灯信号，仪表盘上的充电连接指示灯点亮。测量充电枪端子 CC 与端子 PE 之间的电阻，电阻值为 681 Ω，正常，因为仪表充电连接指示灯可正常点亮，据此分析端子 CC 与端子 PE 的连接信号正常。

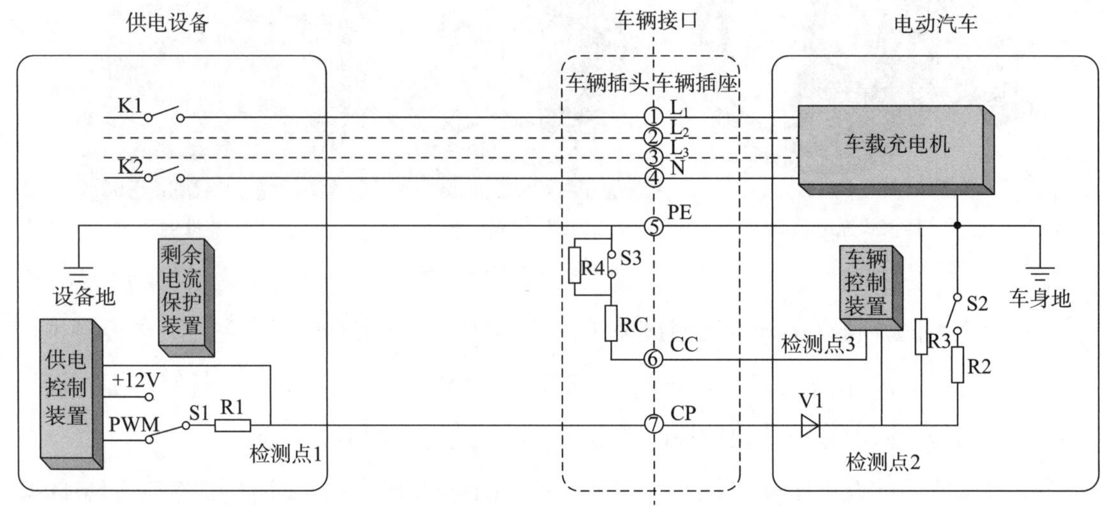

图 3-2-7　交流充电的控制过程

由于比亚迪 e5 纯电动汽车带有预约充电功能，预约充电服务器集成在仪表控制单元内，在充电连接过程中，车载充电机需要通过 CAN 总线接收到仪表控制单元发来的确认充电报文信息，在确认当前无预约充电设置后，才能执行实时充电动作，充电成功后组合仪表才会显示“正在充电中”的信息。

分析认为，如果预约充电功能误触发也有可能对充电造成影响。对仪表控制单元进行恢复默认设置操作，并查看预约充电功能状态，为关闭状态，然后对车辆进行重新充电，故障现象依旧。

VTOG 的充电流程如下：

将交流充电枪插入充电口，VTOG 检测插枪信号（即 CC 信号）后，给 BCM（车身控制器）发出充电连接信号。BCM 控制双路电继电器吸合，BMS 与 VTOG 获得双路电。VTOG 检测 CP 信号、BMS（电池管理系统）接收到充电感应信号后自检（无故障），BMS 控制电池包内接触器和预充接触器吸合进行预充（预充完成后，吸合交流充电接触器，断开预充接触器），VTOG 检测到动力蓄电池包的反馈电压后控制交流充电

桩输出交流电（给 VTOG）进行充电。交流充电系统的交流充电口信号电路如图 3-2-8 所示。

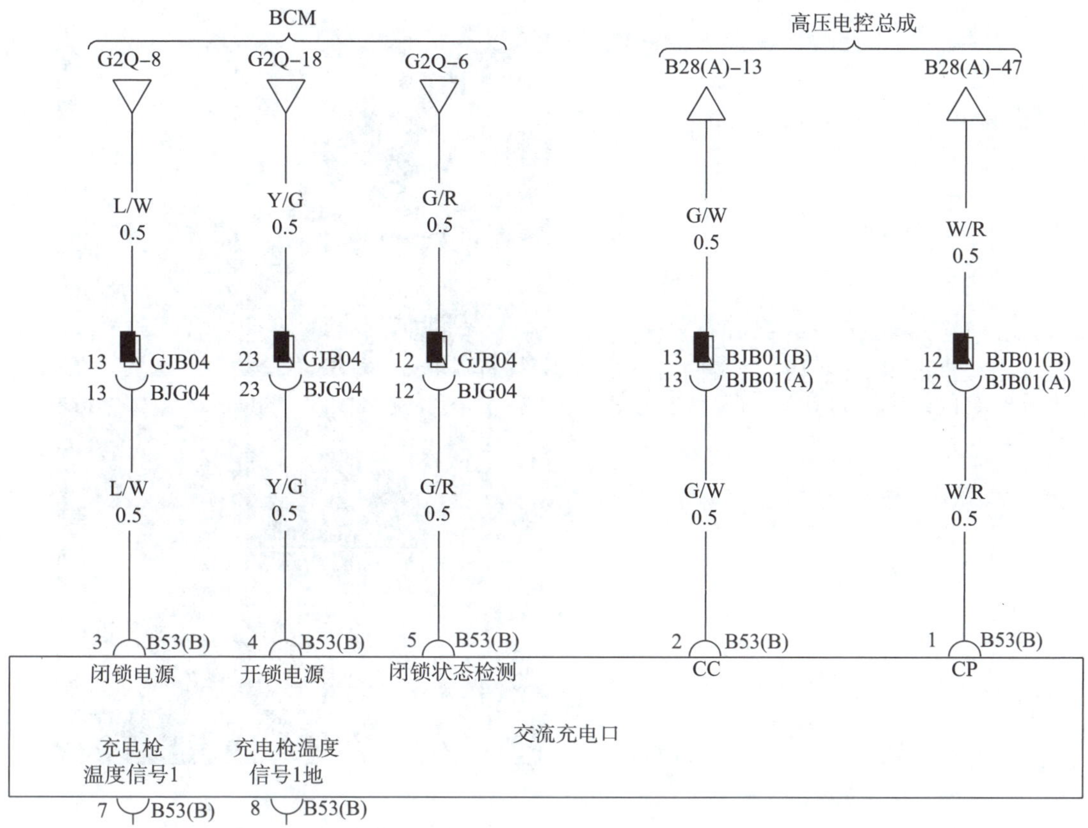

图 3-2-8　交流充电口信号电路

3. 故障诊断与排除

根据对故障可能原因的分析，结合实际车辆故障现象，进行故障诊断与排除。充电指示灯正常、无法充电故障诊断与排除步骤见表 3-2-2。

表 3-2-2　　充电指示灯正常、无法充电故障诊断与排除步骤

操作步骤	图片
1. 使用交流充电盒（或单相壁挂式充电盒）充电时，仪表显示充电连接中	0:05 充电连接中，请稍候……

续表

操作步骤	图片
2. 用万用表测量充电枪 PE 端子与 CP 端子之间的电压为 12 V，端子 L 与端子 N 之间的电压为 0 V，初步判断供电设备正常	
3. 仪表显示充电连接中，说明充电设备和整车还没有完成交互	
4. 连接解码仪，读取数据流，BMS 数据流中显示有“充电感应信号－交流”，说明 CC 信号正常	

续表

操作步骤	图片
5. 连接解码仪，读取数据流，VTOG数据流中“CP 占空比信号”一直为0%，说明 CP 信号不正常	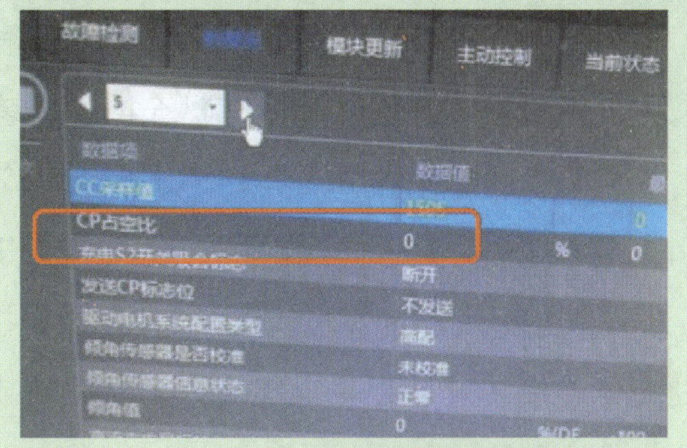
6. 测量交流充电口 CP 针脚与 VTOG 的 64 pin 接插件 CP 针脚的导通性，结果显示不正常	
7. 测量 VTOG 的 64 pin 接插件 47 号针脚到 BJB01 的 12 号针脚的导通性，结果显示正常	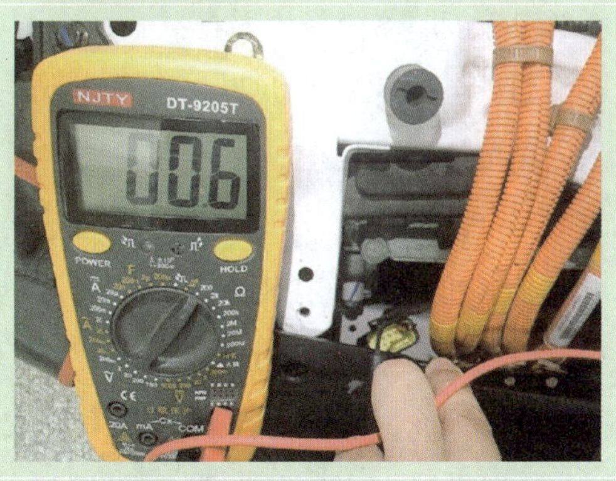
8. 测量 BJB01 的 12 号针脚到交流充电口 CP 针脚的导通性，结果显示不正常	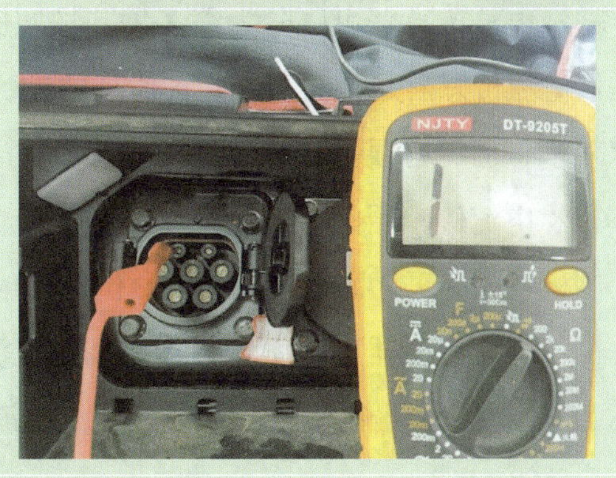
9. 更换交流充电线束后故障解决，车辆恢复正常充电	

4. 故障总结

处理此类故障时，需要掌握充电控制流程。

根据充电系统工作原理分析，认为故障很可能为交流充电控制导引电路存在连接线路故障、供电控制装置故障或车辆充电控制装置故障。查阅国家标准《电动汽车传导充电系统　第 1 部分：通用要求》(GB/T 18487.1—2015)，该标准中给出了交流充电控制导引电路原理图，其工作原理为：当充电接口已完全连接，则开关从 +12 V 连接状态切换至 PWM 信号（脉冲宽度调制信号），供电控制装置通过测量检测点 1 的电压值变化来判断充电连接装置是否完全连接，车辆控制装置通过测量检测点 2 位置的 PWM 信号来判断供电设备的供电能力，确认充电连接装置已完全连接。

三、充电指示灯正常、无法充满电故障的诊断与排除

1. 故障现象

一辆比亚迪 e5 汽车偶发性出现行驶中电量不下降且充电时电量不上涨现象。

2. 故障分析

根据故障现象分析，可能的故障原因为 BMS 故障、高压电控（霍尔电流传感器）故障或者电流传感器线路故障。

电量通过电池 SOC 值反映，即荷电状态，用来反映电池的剩余容量，其数值上为剩余容量占电池容量的比值，常用百分数表示，其取值范围为 0 ~ 1。当 SOC=0 时，表示电池放电完全；当 SOC=1 时，表示电池完全充满。

电池 SOC 值不能直接测量，只能通过电池端电压、充放电电流及内阻等参数来估算其大小。而这些参数还会受到电池老化、环境温度变化以及汽车行驶状态等多种不确定因素的影响，因此，准确的 SOC 值估算已成为电动汽车发展中亟待解决的问题。

霍尔电流传感器可以分为很多种，按照原理分类可以分为开环霍尔电流传感器和闭环霍尔电流传感器两种。基于开环原理的电流传感器结构简单、可靠性好、过载能力强、体积较小，但也有很多缺点，如温度影响大、精度低、响应不够快、频带宽度窄等。而闭环霍尔电流传感器的特点是精度高、响应快、频带宽，但同时也有缺点，即过载能力差，体积较大，工艺比较复杂，同时价格也偏高。

霍尔电流传感器可以测量各种类型的电流，从直流电到几千赫兹的交流电，其所依据的工作原理主要是霍尔效应原理。霍尔电流传感器的工作电路如图 3-2-9 所示。

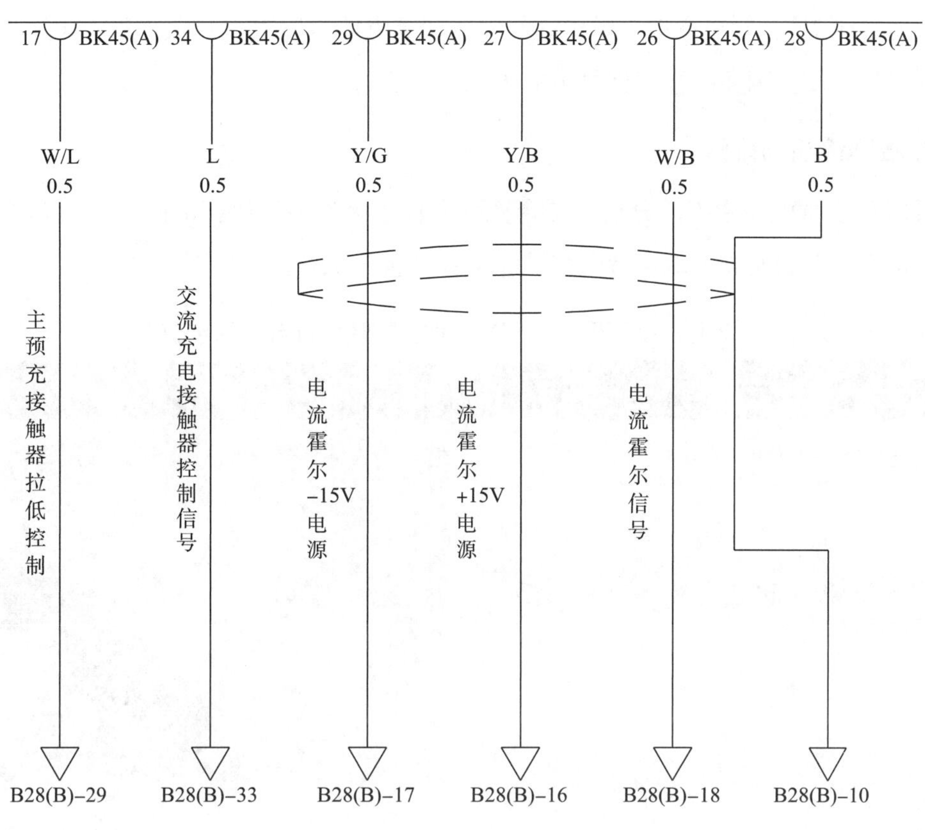

图 3-2-9 霍尔电流传感器的工作电路

电流传感器的输出信号：

当原边导线经过电流传感器时，原边电流 IP 会产生磁感线，原边磁感线集中在磁芯气隙周围，内置在磁芯气隙中的霍尔电片可产生与原边磁感线成正比的，大小仅为几毫伏的感应电压，通过后续电子电路可把这个微小的信号转变为副边电流 I_S，并存在以下关系式：$I_S \times N_S = I_P \times N_P$。其中，$I_S$ 为副边电流；N_S 为副边线圈匝数；I_P 为原边电流；N_P 为原边线圈匝数，一般取 $N_P=1$；N_P/N_S 为匝数比。

电流传感器的输出信号是副边电流 I_S，它与输入信号（原边电流 I_P）成正比，I_S 一般很小，只有 10～400 mA。如果输出电流经过测量电阻 RM，则可以得到一个与原边电流成正比的大小为几伏的电压输出信号。

电流传感器的供电电压 V：

V 指电流传感器的供电电压，它必须在传感器所规定的范围内。超过此范围，传感器不能正常工作或可靠性降低。另外，传感器的供电电压 V 又分为正极供电电压 $V+$ 和负极供电电压 $V-$。要注意单相供电的传感器，其供电电压 V_{min} 是双相供电电压 V_{min} 的 2 倍，所以其测量范围要高于双相供电的传感器。

3. 故障诊断与排除

根据对故障可能原因的分析，结合实际车辆故障现象，进行故障诊断与排除。充电指示灯正常、无法充满电故障诊断与排除步骤见表 3-2-3。

表 3-2-3　　充电指示灯正常、无法充满电故障诊断与排除步骤

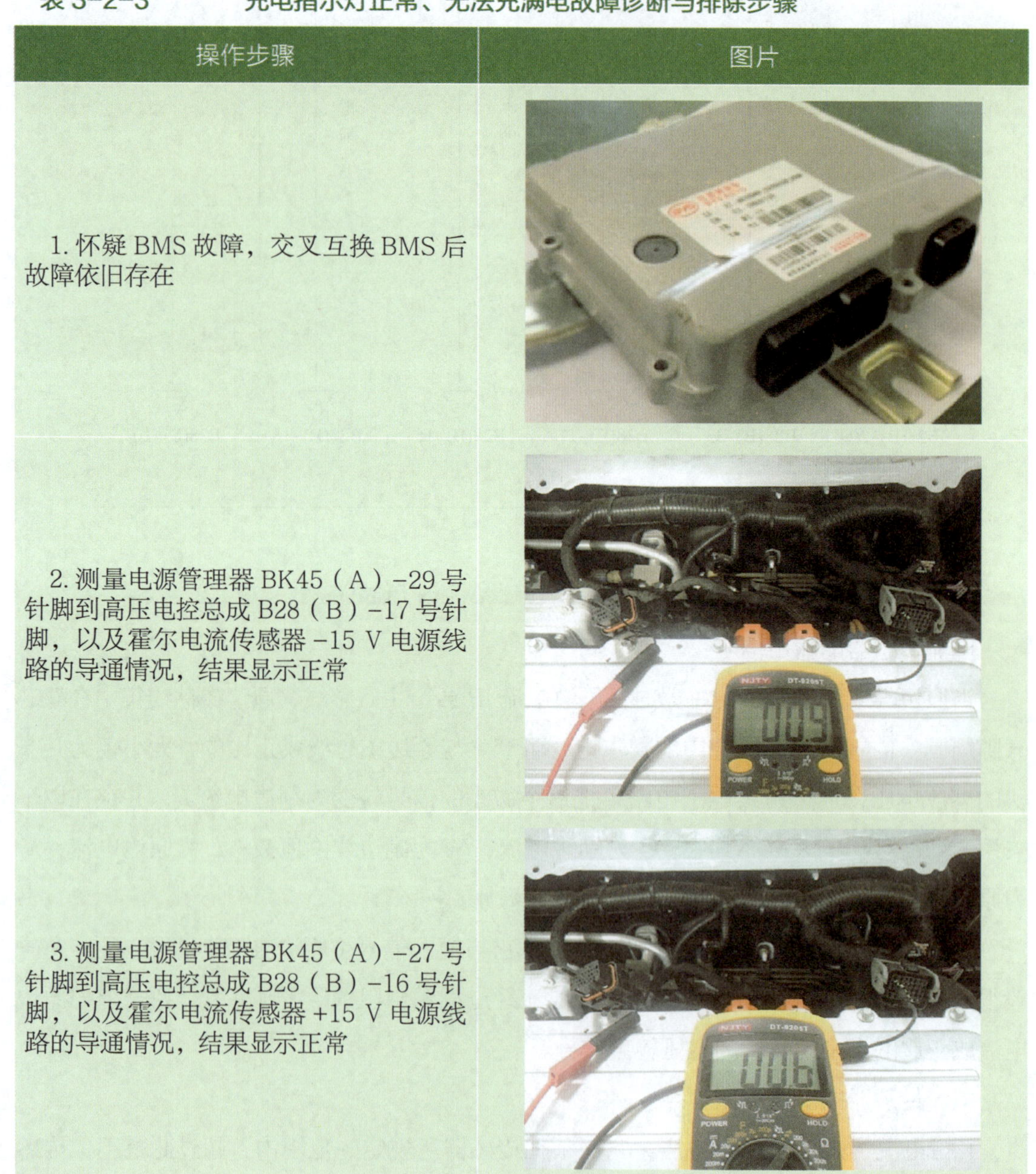

操作步骤	图片
1. 怀疑 BMS 故障，交叉互换 BMS 后故障依旧存在	
2. 测量电源管理器 BK45（A）-29 号针脚到高压电控总成 B28（B）-17 号针脚，以及霍尔电流传感器 -15 V 电源线路的导通情况，结果显示正常	
3. 测量电源管理器 BK45（A）-27 号针脚到高压电控总成 B28（B）-16 号针脚，以及霍尔电流传感器 +15 V 电源线路的导通情况，结果显示正常	

续表

操作步骤	图片
4. 测量电源管理器 BK45（A）-26 号针脚到高压电控总成 B28（B）-18 号针脚，以及霍尔电流传感器信号线路的导通情况，结果显示不导通	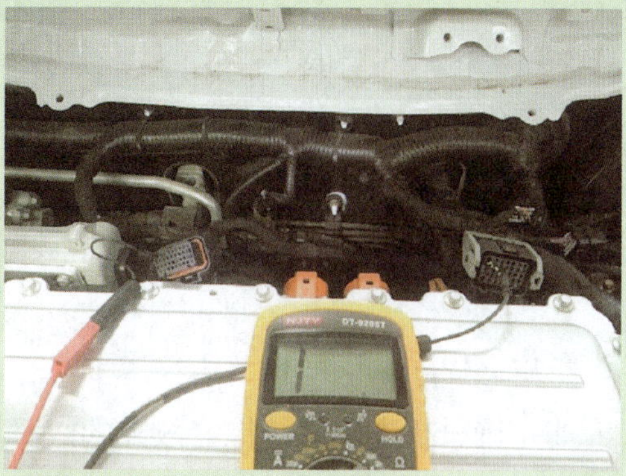
5. 检查发现 18 号针脚退针，检修处理后故障排除	

4. 故障总结

处理此类故障，必须清楚电池 SOC 值的变化原理：BMS（电池管理系统）监测电池包电量时，根据电流霍尔传感器检测到的电流变化信号，在 BMS 内部按照特定的计算方法折算成 SOC 值的变化，BMS 与仪表进行通信，将 SOC 值显示在仪表上。

另外，使用原理图进行分析能帮助维修人员更快地找到故障点。

技能实训 7　充电指示灯正常、无法充电故障的诊断与排除

技能实训	充电指示灯正常、无法充电故障的诊断与排除	日期		成绩	
学生姓名		学号		班级	

一、实训目标

1. 了解充电系统的结构及工作原理。
2. 能正确分析充电系统综合故障的故障原因。
3. 掌握充电系统综合故障的诊断与排除方法。
4. 能诊断与排除充电系统综合故障。

二、实训器材

查阅相关资料，写出下列实训器材的名称及用途。

外形	名称	用途
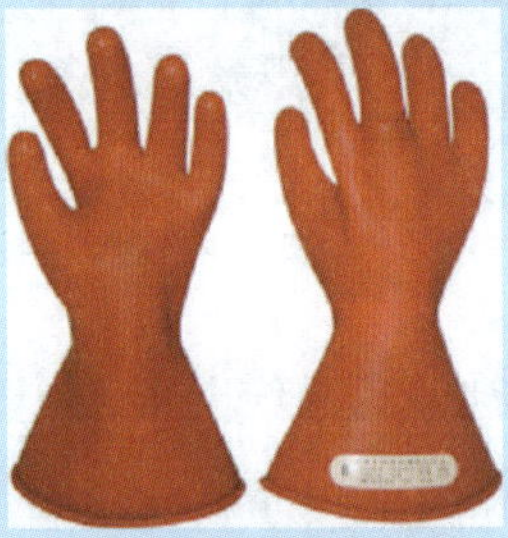		

续表

外形	名称	用途

三、实训内容及步骤

1. 作业前准备

准备作业工具及设备，检查工作场地和设备设施是否清洁，是否存在安全隐患，如不正常应请汇报给实训教师。

检查项目	检查内容
安全防护用品	
作业工具	
实训设备设施	
辅助资料	

2. 故障原因分析

分析充电指示灯正常、无法充电故障原因，补全下列鱼骨图。

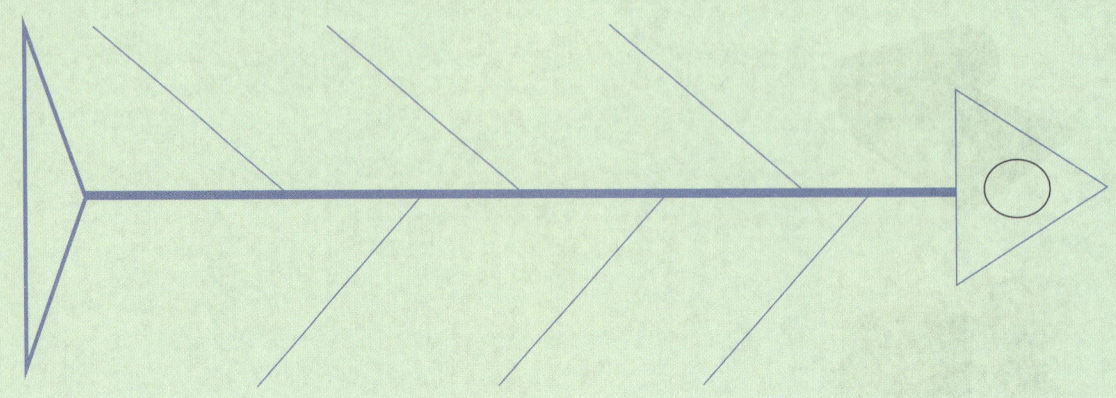

3. 故障诊断与排除流程

编写充电指示灯正常、无法充电故障的诊断与排除流程，填写下表。

序号	诊断与排除流程

4. 小组分工

分工	组员	分工	组员
操作员		记录员	
监护员		展示员	

5. 安全注意事项

查阅相关资料，填写下表。

序号	注意事项

6. 故障诊断与排除步骤

通过相关知识的学习，填写下表。

序号	图片	操作步骤
1	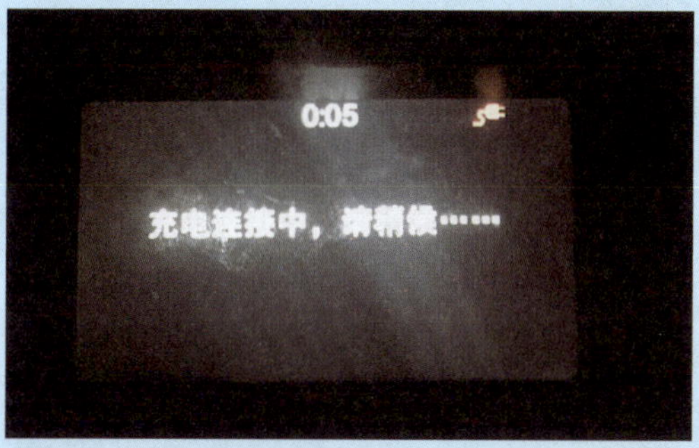	
2	 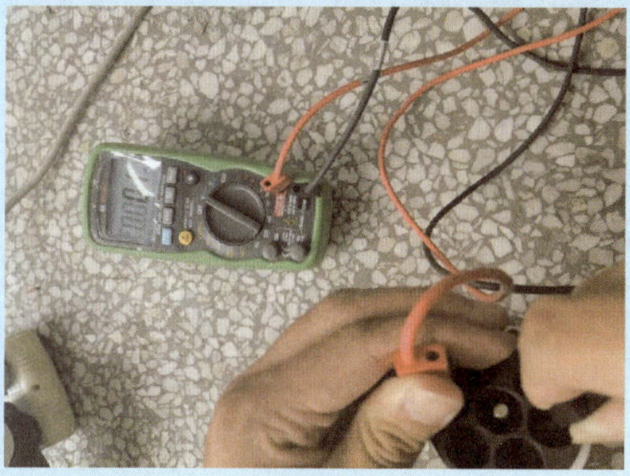	

续表

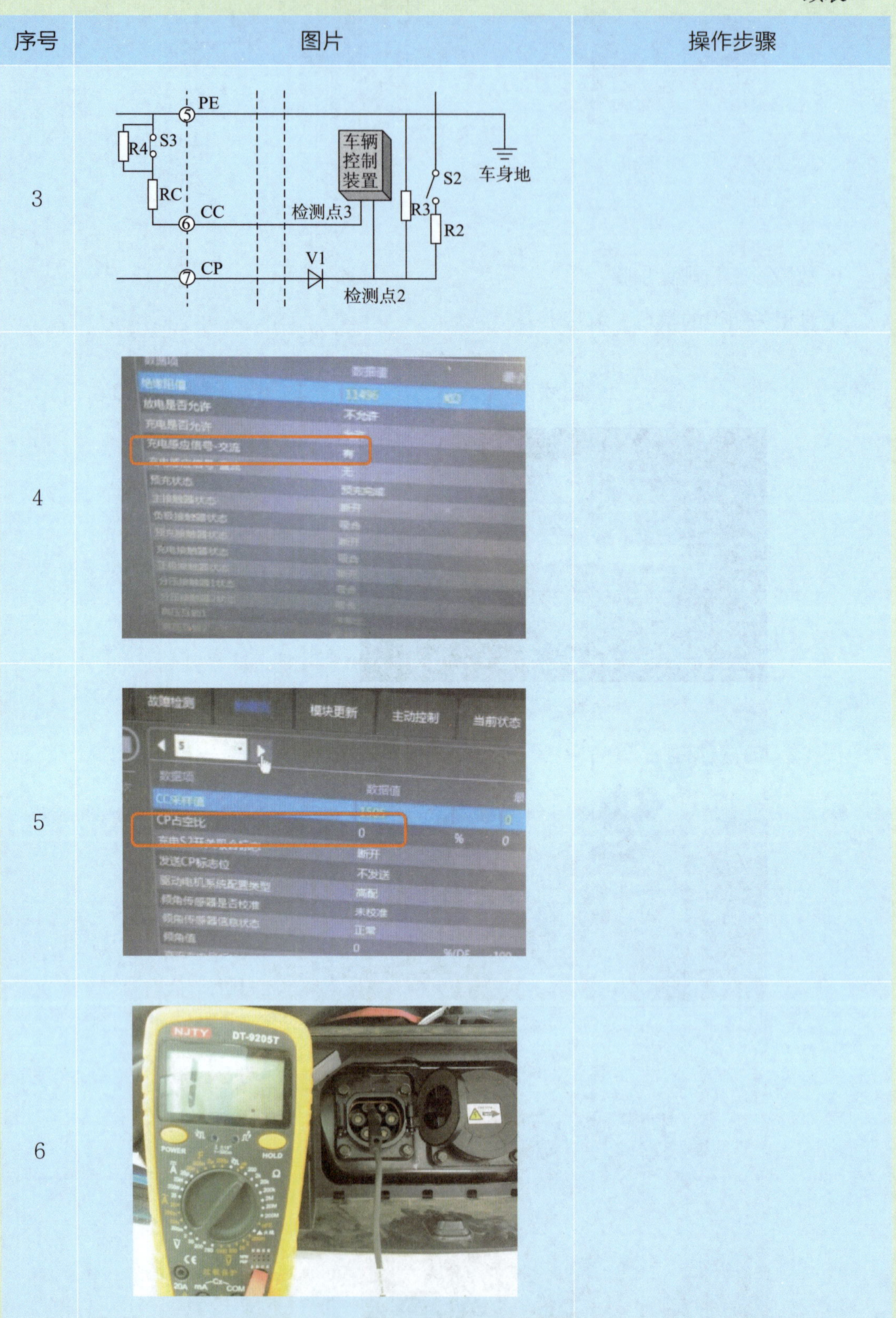

序号	图片	操作步骤
3		
4		
5		
6		

续表

序号	图片	操作步骤
7		
8		

四、检验与评估

1. 小组互评

小组选派代表进行成果展示，其余小组根据展示和阐述进行评价，并记录评价结果。

序号	评价标准	评价结果
1	任务目标制定是否合理	
2	任务过程表述是否清晰	
3	任务结果是否符合实际情况	
4	任务计划是否切实、有效执行	
5	任务体会是否深刻	
综合评价		

2. 组内互评

每个成员对组员的表现进行打分，并填写下表。

组长：________________　　组号：________________

序号	1	2	3	4	5	6
姓名						
分工						
评价						

注：评价采用5分制。

3. 自我反思和评价

根据个人在课堂上的实际表现，填写下表。

自我反思	
自我评价	

五、实训考核

考核标准表

项目	评分标准	分值	得分
工作任务接收	能正确接收并理解工作任务及要求	10	
资料收集	熟知纯电动汽车充电系统的工作原理，以及充电指示灯正常、无法充电故障的诊断与排除方法	10	
计划制订	能按规范作业要求，制订完成任务的计划，写出充电指示灯正常、无法充电故障的诊断与排除步骤	15	
计划实施	充电系统的检测	15	
	充电系统的拆卸	15	
	充电系统综合故障的诊断与排除	15	
质量检查	任务完成良好，操作过程规范	10	
评价反馈	能根据自身及组员表现进行客观评价	5	
	能在任务实施过程中发现自身及组员的问题	5	
合计		100	

附件

充电系统相关电路图

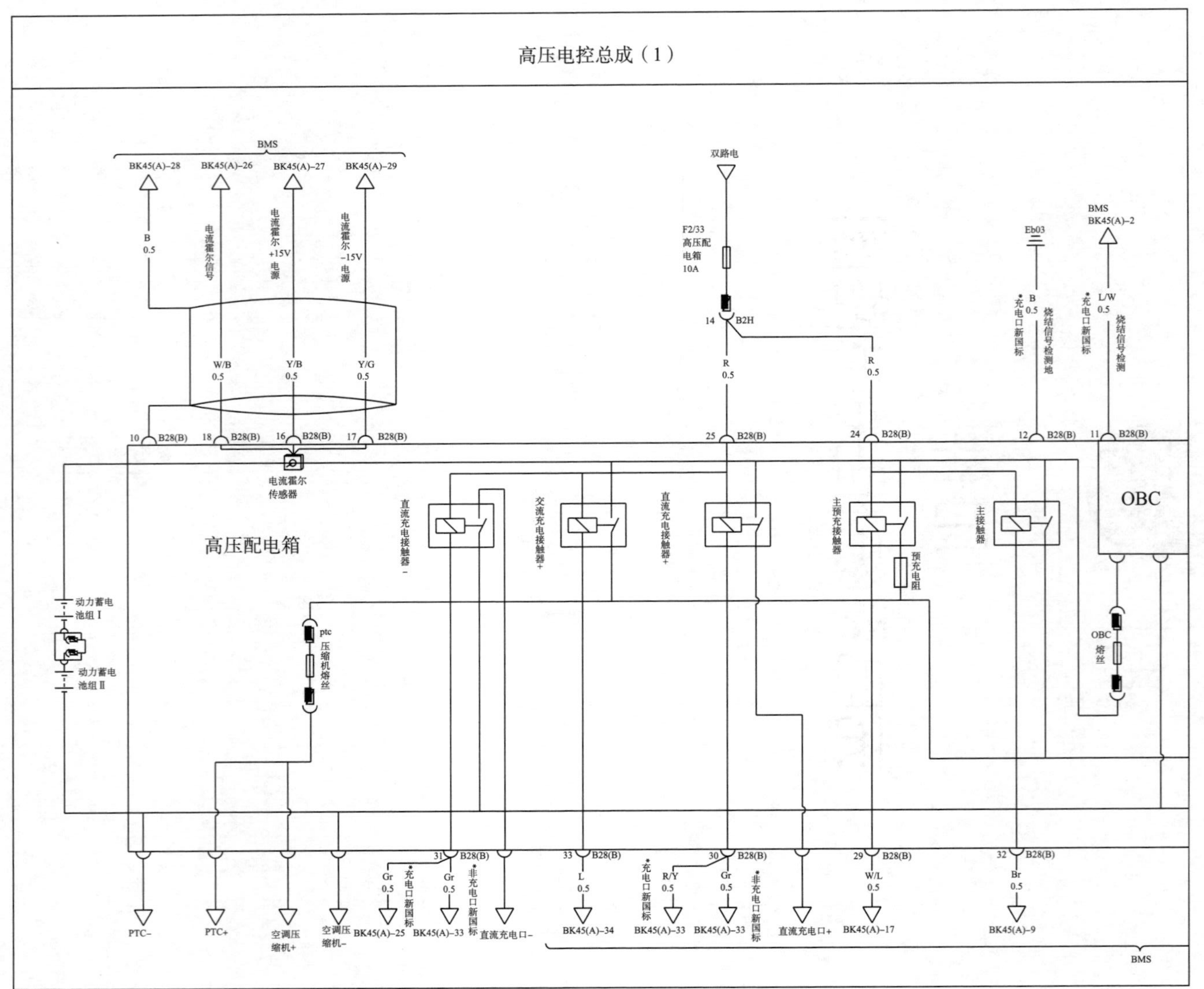
高压电控总成（1）
BMS
BK45(A)-28
BK45(A)-26
BK45(A)-27
BK45(A)-29
B 0.5
电流霍尔信号
电流霍尔+15V电源
电流霍尔-15V电源
W/B 0.5
Y/B 0.5
Y/G 0.5
双路电
F2/33 高压配电箱 10A
14 B2H
R 0.5
Eb03
BMS BK45(A)-2
*充电口新国标
烧结信号检测地
L/W 0.5
烧结信号检测
10 B28(B)
18 B28(B)
16 B28(B)
17 B28(B)
25 B28(B)
24 B28(B)
12 B28(B)
11 B28(B)
电流霍尔传感器
高压配电箱
直流充电接触器-
交流充电接触器+
直流充电接触器+
主预充接触器
预充电阻
主接触器
OBC
OBC 熔丝
ptc 压缩机熔丝
动力蓄电池组Ⅰ
动力蓄电池组Ⅱ
31 B28(B)
33 B28(B)
30 B28(B)
29 B28(B)
32 B28(B)
Gr 0.5
*非充电口新国标
L 0.5
R/Y 0.5
W/L 0.5
Br 0.5
PTC-
PTC+
空调压缩机+
空调压缩机-
BK45(A)-25
BK45(A)-33
直流充电口-
BK45(A)-34
直流充电口+
BK45(A)-17
BK45(A)-9

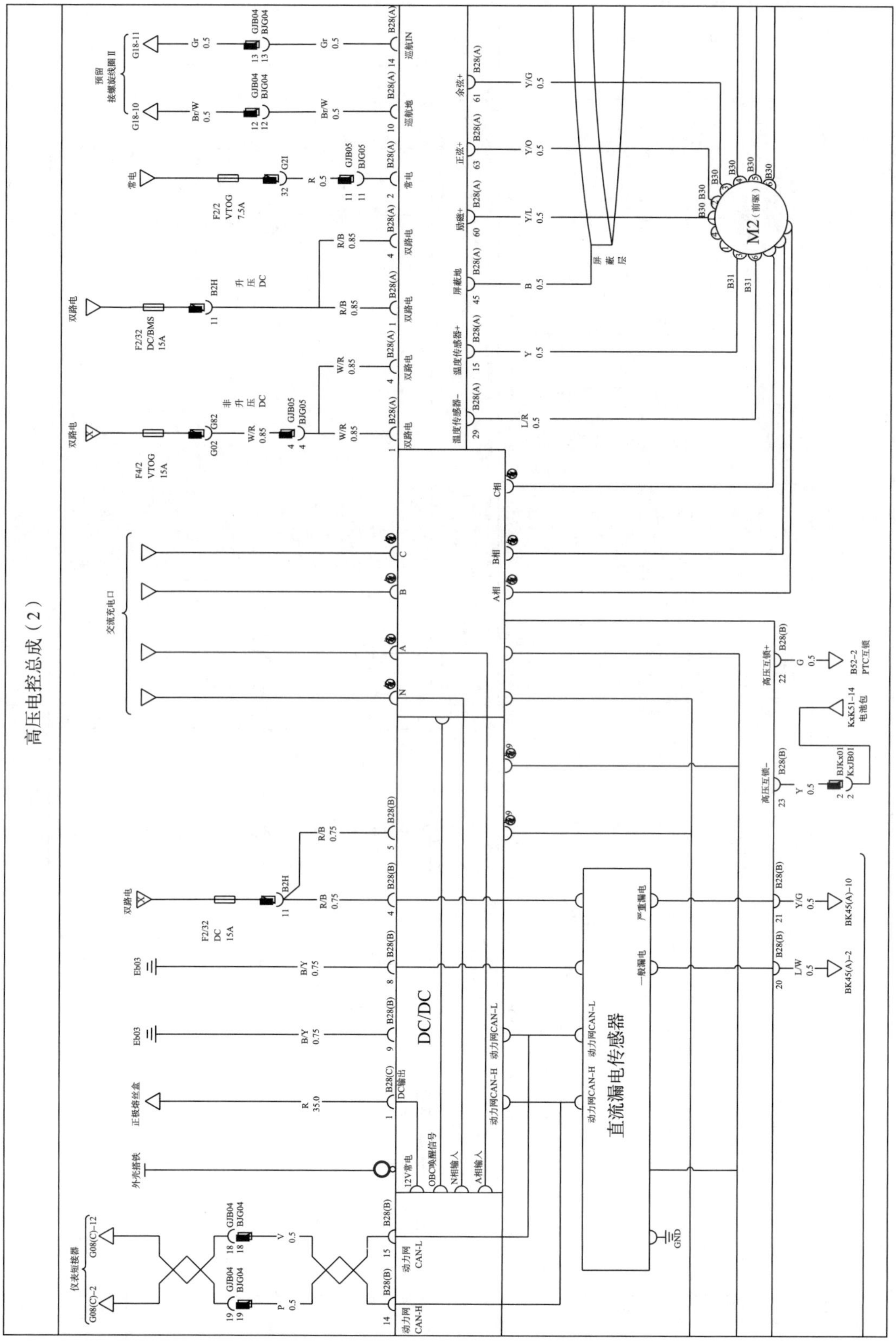
高压电控总成（2）
DC/DC
直流漏电传感器
M2（前驱）
交流充电口

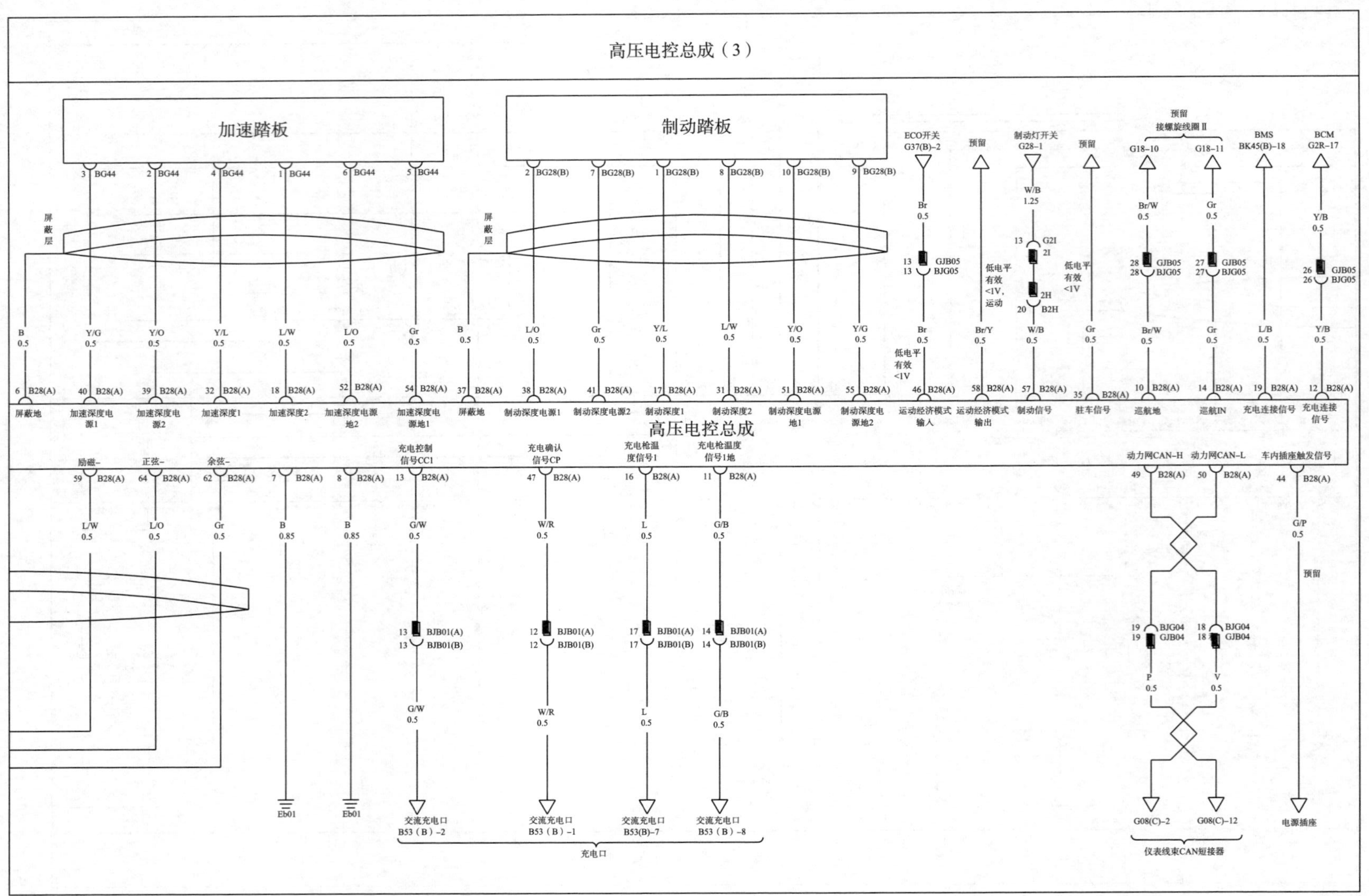

高压电控总成（3）
加速踏板
制动踏板
高压电控总成
屏蔽层
屏蔽地
加速深度电源1
加速深度电源2
加速深度1
加速深度2
加速深度电源地2
加速深度电源地1
制动深度电源1
制动深度电源2
制动深度1
制动深度2
制动深度电源地1
制动深度电源地2
运动经济模式输入
运动经济模式输出
制动信号
驻车信号
巡航地
巡航IN
充电连接信号
ECO开关 G37(B)-2
预留
制动灯开关 G28-1
低电平有效<1V
低电平有效<1V，运动
预留 接螺旋线圈 II
G18-10
G18-11
BMS BK45(B)-18
BCM G2R-17
励磁-
正弦-
余弦-
充电控制信号CC1
充电确认信号CP
充电枪温度信号1
充电枪温度信号1地
动力网CAN-H
动力网CAN-L
车内插座触发信号
Eb01
交流充电口 B53（B）-2
交流充电口 B53（B）-1
交流充电口 B53(B)-7
交流充电口 B53（B）-8
充电口
G08(C)-2
G08(C)-12
仪表线束CAN短接器
电源插座

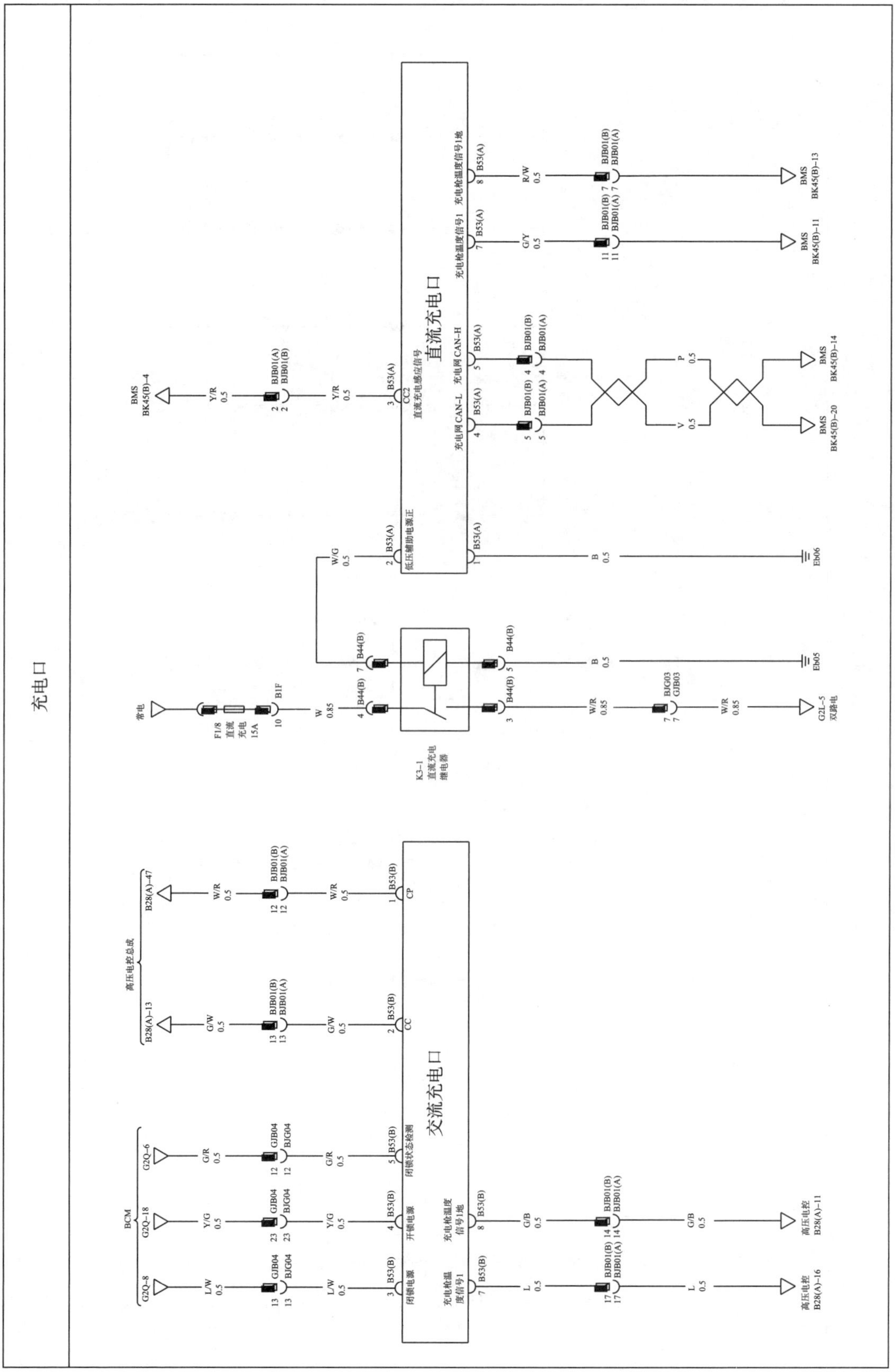

充电口

直流充电口

充电枪温度信号1地 B53(A) 8 R/W 0.5 BJB01(B) BJB01(A) 7 7 BMS BK45(B)-13

充电枪温度信号1 B53(A) 7 G/Y 0.5 BJB01(B) BJB01(A) 11 11 BMS BK45(B)-11

充电网CAN-H B53(A) 5 BJB01(B) BJB01(A) 4 4 P 0.5 BMS BK45(B)-14

充电网CAN-L B53(A) 4 BJB01(B) BJB01(A) 5 5 V 0.5 BMS BK45(B)-20

直流充电感应信号 CC2 B53(A) 3 Y/R 0.5 BJB01(A) BJB01(B) 2 2 Y/R 0.5 BMS BK45(B)-4

低压辅助电源正 B53(A) 2 W/G 0.5

B53(A) 1 B 0.5 Eb06

B44(B) 7 B44(B) 8 B 0.5 Eb05

常电 F1/8 直流充电 15A B1F 10 W 0.85 B44(B) 4 B44(B) 3 W/R 0.85 BJG03 GJB03 7 7 W/R 0.85 G2L-5 双路电

K3-1 直流充电继电器

交流充电口

CP B53(B) 1 W/R 0.5 BJB01(B) BJB01(A) 12 12 W/R 0.5 B28(A)-47

CC B53(B) 2 G/W 0.5 BJB01(B) BJB01(A) 13 13 G/W 0.5 B28(A)-13

高压电控总成

闭锁状态检测 B53(B) 5 G/R 0.5 GJB04 BJG04 12 12 G/R 0.5 G2Q-6

开锁电源 B53(B) 4 Y/G 0.5 GJB04 BJG04 23 23 Y/G 0.5 G2Q-18

闭锁电源 B53(B) 3 L/W 0.5 GJB04 BJG04 13 13 L/W 0.5 G2Q-8

BCM

充电枪温度信号1地 B53(B) 8 G/B 0.5 BJB01(B) BJB01(A) 14 14 G/B 0.5 高压电控 B28(A)-11

充电枪温度信号1 B53(B) 7 L 0.5 BJB01(B) BJB01(A) 17 17 L 0.5 高压电控 B28(A)-16

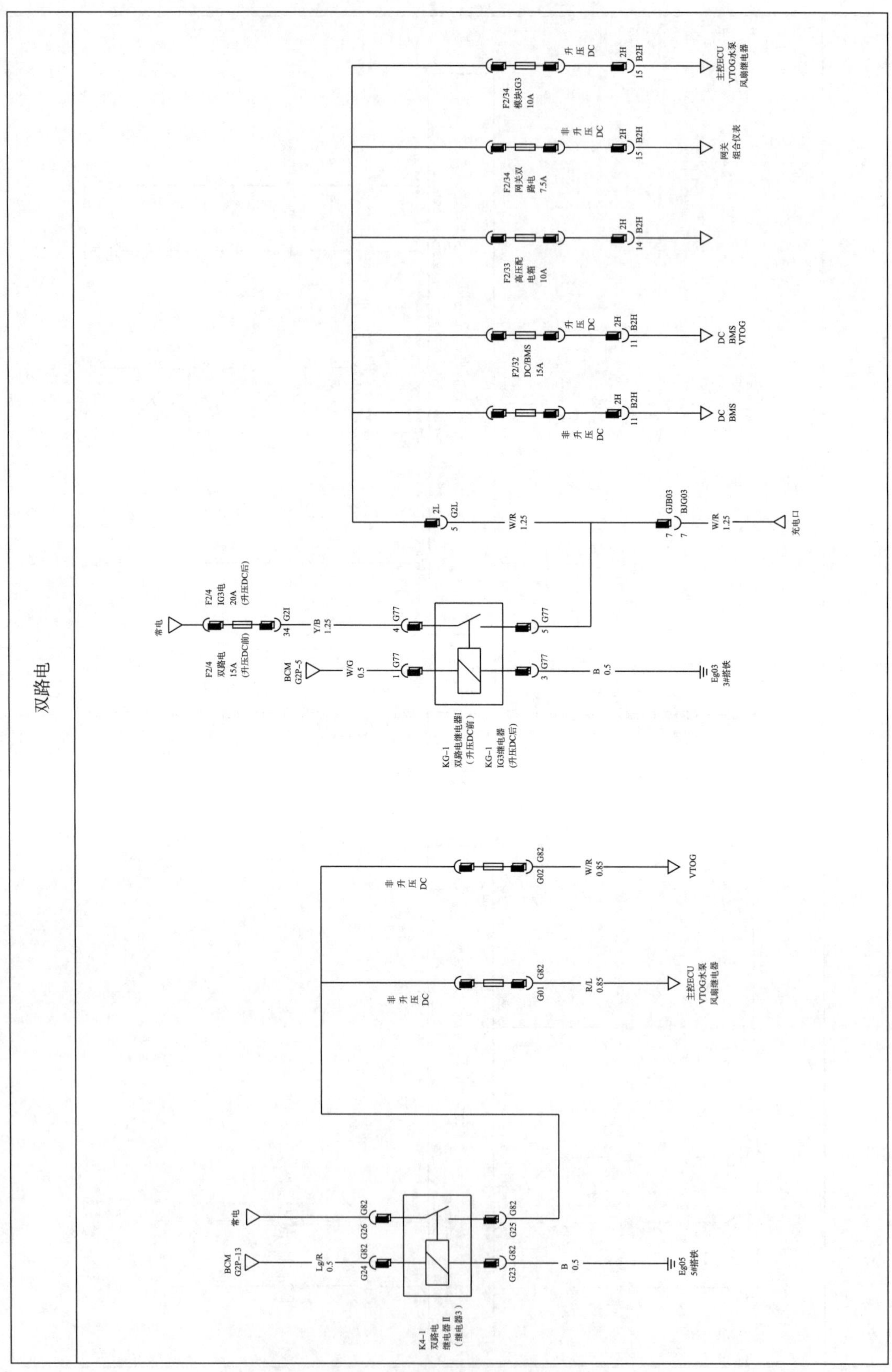
双路电
F2/34
模块IG3
10A
升压DC
2H
B2H
主控ECU
VTOG水泵
风扇继电器
F2/34
网关双路电
7.5A
非升压DC
网关
组合仪表
F2/33
高压配电箱
10A
F2/32
DC/BMS
15A
DC
BMS
VTOG
2L
G2L
W/R
1.25
GJB03
BJG03
充电口
常电
F2/4
IG3电
20A
(升压DC后)
F2/4
双路电
15A
(升压DC前)
G2I
Y/B
1.25
G77
BCM
G2P-5
W/G
0.5
B
0.5
Eg03
3#搭铁
KG-1
双路电继电器I
（升压DC前）
KG-1
IG3继电器
(升压DC后)
G82
G02
W/R
0.85
VTOG
G01
R/L
0.85
G26
G25
BCM
G2P-13
Lg/R
0.5
G24
G23
Eg05
5#搭铁
K4-1
双路电
继电器II
（继电器3）

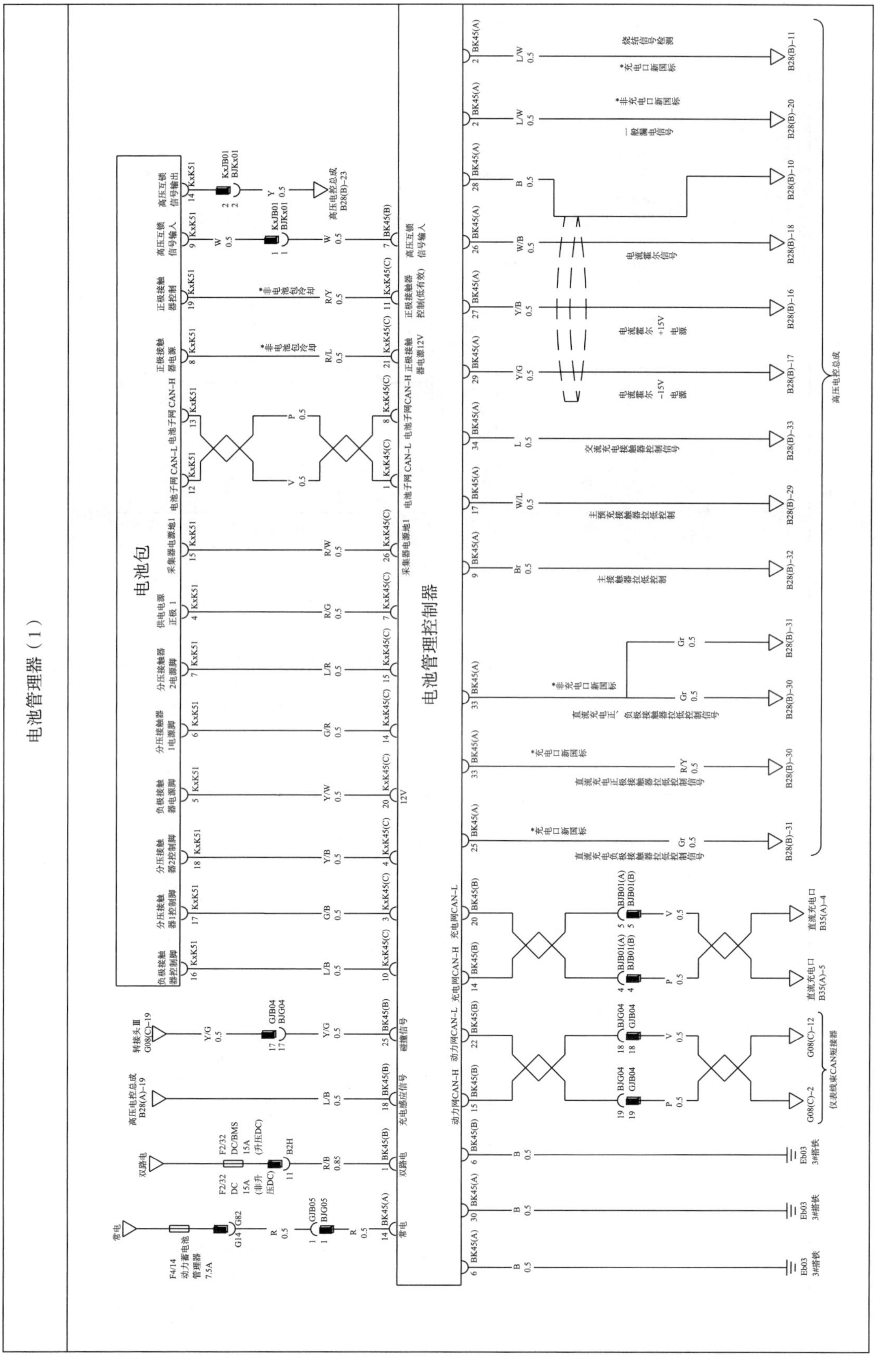

电池管理器（1）

电池包

电池管理控制器

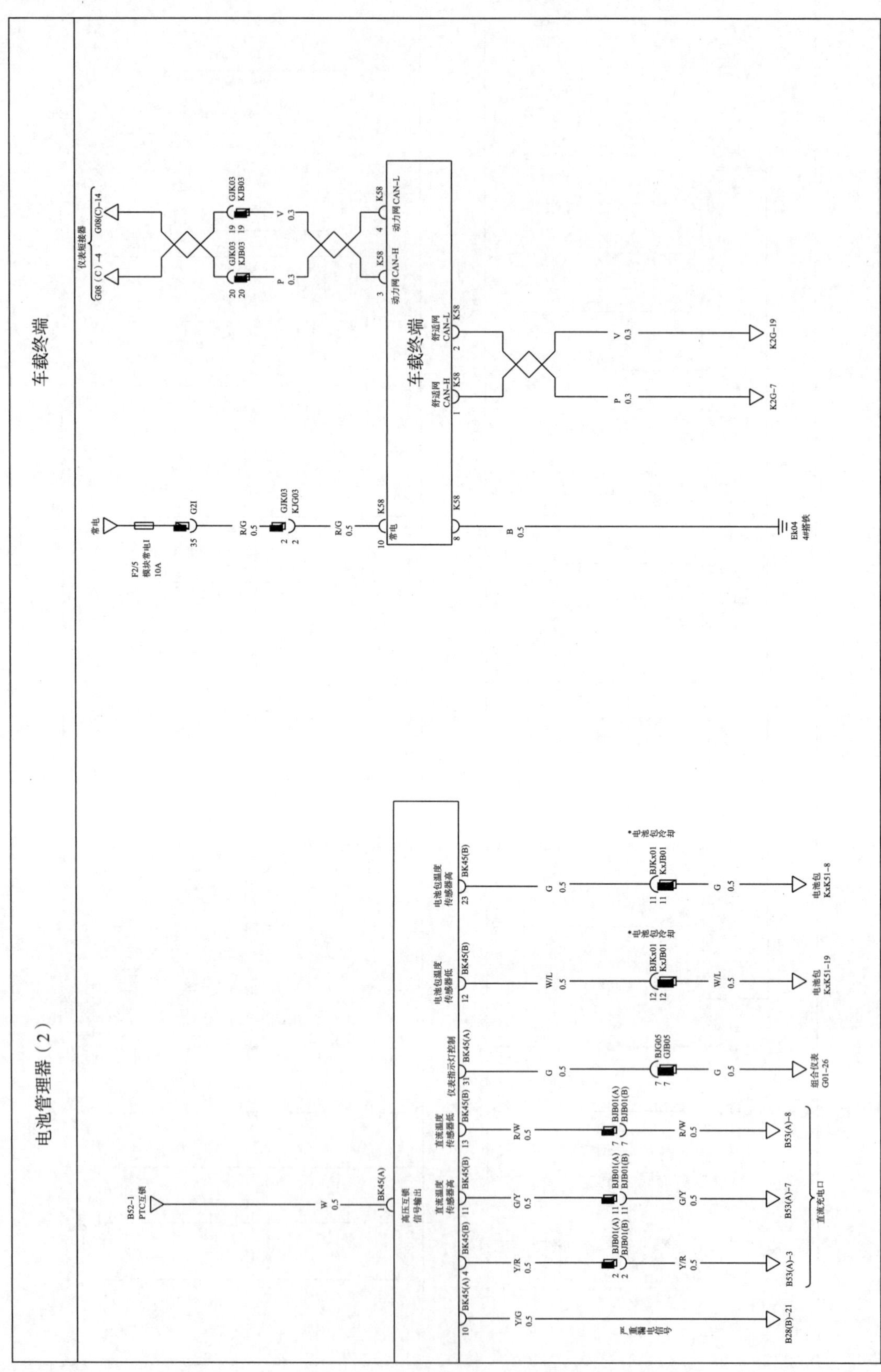

车载终端
电池管理器（2）
仪表短接器
G08（C）-4
G08(C)-14
GJK03 KJB03
KJB03
V 0.3
P 0.3
K58
动力网 CAN-H
动力网 CAN-L
舒适网 CAN-H
舒适网 CAN-L
K2G-19
K2G-7
常电
F2/5 模块常电I 10A
G2I
R/G 0.5
GJK03 KJG03
B 0.5
Ek04 4#搭铁
B52-1 PTC互锁
W 0.5
BK45(A)
高压互锁信号输出
BK45(B)
直流温度传感器高
直流温度传感器低
仪表指示灯控制
电池包温度传感器低
电池包温度传感器高
BJB01(A) BJB01(B)
BJG05 GJB05
BJKx01 KxJB01
电池包冷却
电池包 KxK51-8
电池包 KxK51-19
组合仪表 G01-26
B53(A)-8
B53(A)-7
B53(A)-3
直流充电口
B28(B)-21
严重漏电信号